U0007925

課本上學不到的
漫畫中國史②

翻開本書，為你還原歷史人物的本來面目！

朕說・黃桑　編繪

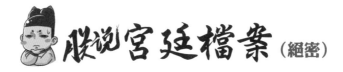

朕说宫廷檔案 (絕密)

黃桑

一個集賤萌與貪吃於一身的皇帝，

日常小聰明，毒舌聊八卦，

資深「肥宅」，卻胸懷整個天下。

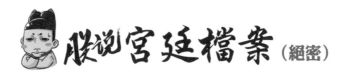 朕說宮廷檔案（絕密）

小太監

善良可愛，敏感細膩，

照顧黃桑的飲食起居，

是宮裡深得人心的小暖男。

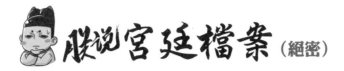
朕說宮廷檔案（絕密）

錦衣衛

宮裡的「顏值擔當」，

身手不凡，冷酷面癱。

原是被派來刺殺黃桑的殺手，

卻被黃桑當場高價收買。

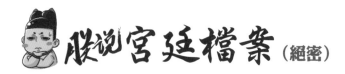

朕說宮廷檔案 (絕密)

宮廷寵物：然鵝

一隻永遠都吃不飽的鵝，

處於食物鏈的最底層，

是黃桑的寵物。

雖然一直被黃桑欺負，

卻幻想著有一天能稱霸皇宮。

宮廷寵物：蛋是

一隻可愛的柴犬。

看家護院，宮廷必備。

目錄

一 名人檔案篇

1 秦始皇為什麼被稱為「千古一帝」？   003

2 王莽的新朝改制究竟是怎麼回事？   015

3 東方朔為何能成為李白的偶像？   031

4 商業鼻祖白圭還是一名氣象專家？   053

5 春秋名相管仲年輕時是個「萬人嫌」？   067

二 三國風雲篇

6 曹操能夠稱霸全憑運氣好？   085

7 孫權能夠立國全靠活得長？   103

8 「桃園三結義」的故事直到元朝才出現？   117

9 周瑜究竟是怎麼死的？   133

10 諸葛亮真的用「空城計」嚇退司馬懿嗎？   151

11 低調的賈詡才是三國第一謀士？   169

三 戰場百科篇

12 赤壁之戰不只有「火攻」？ 187

13 古代打仗還要講究禮儀？ 197

14 古代攻城和守城都有哪些創意點子？ 215

15 神秘的秦始皇陵裡究竟有什麼？ 233

四 生活趣聞篇

16 在古代當老師究竟有多難？ 253

17 在古代當史官究竟有多危險？ 271

18 在古代當太上皇究竟有多稀奇？ 287

19 在古代會說官話究竟有多吃香？ 301

20 古代的瘟疫究竟有多可怕？ 317

致謝 331

名人檔案篇

1 秦始皇為什麼被稱為「千古一帝」？

一提到秦始皇，不少人的第一印象是「焚書坑儒」、暴政濫殺、勞民傷財等，總之就是沒什麼好印象。甚至還有人質疑：像他這種「暴君」，怎麼能被尊為「千古一帝」呢？

先讓我們一起來揭祕秦始皇的「暴君三大罪行」，看看這個「千古一帝」究竟是不是過譽。

「暴君」還是「千古一帝」？

一、三大罪行之「焚書坑儒」

　　西元前 213 年，秦始皇下令焚燬《詩經》、《尚書》，諸子百家所著書籍以及秦國以外的史書；又在 1 年後下令活埋 460 餘名「犯禁者」。依據傳聞，秦始皇此舉是為了控制大眾的思想，可謂是專制殘暴的典範。

　　但其中還有一些歷史的細節需要說明。

　　在步入中年後，秦始皇一心只求長生不老。也不知是因為前期用腦過度，還是求生欲過於旺盛，嬴政對永生的追求，很不符合他一貫的雄韜偉略。

「長生不老藥」雖然不存在，但相信它的人卻層出不窮。急於求藥的秦始皇，聽到任何相關消息都會信以為真，並馬上派人為自己搜尋、製作。其中，為秦始皇「建言獻策」的徐福，傳授完「仙藥」之後，就一去 6 年不返。

> 請得齋戒，與童男女求之。於是遣徐巿發童男女數千人，入海求仙人。
>
> ——《史記·秦始皇本紀》

　　6 年後，當徐福悠悠閒閒地回來時，卻兩手空空，只帶回來一個故事。他告訴秦始皇馬上就能取到「長生不老藥」，但可惜有條大魚擋了路，只要再多點錢和人，「長生不老藥」就能得手。

> 蓬萊藥可得，然常為大鮫魚所苦，故不得至，願請善射與俱，見則以連弩射之。
>
> ——《史記·秦始皇本紀》

也許你覺得這是無稽之談——

　　秦始皇相信了。他又給錢，又派人，結果徐福帶著人和錢，再也沒回來。一回生，二回熟，在追求長生不老的路上，秦始皇遭受了各式各樣的欺騙。而這些術士們在離開時，還不忘散播一下謠言。

　　正是因為這些術士肆意妄為，秦始皇忍無可忍，最終爆發了「坑儒」事件。

及至秦之季世，焚詩書，坑術士。

——《史記‧儒林列傳》

二、三大罪行之濫殺無辜

在廣為人知的「焚書坑儒」事件後，即使沒有再爆出別的殘暴事件，秦始皇在人們眼中已經變成「暴君」的代名詞。但他到底有沒有濫殺無辜呢？

你看你看，他又生氣了，又有人要倒霉了！

好想哭喔，人家只是長得有點兇而已。

一般帝王上位後，為了保護自己的帝位、維持後世安穩，會找一些理由讓開國功臣一個個地「消失」。但是「暴君」秦始皇，卻很少有誅殺功臣的事蹟留於後世。

哇！原來他們都曾殺過功臣。

那為什麼被罵的反而是我？

如果秦始皇真的濫殺無辜，那燕太子丹派荊軻刺秦失敗之後，秦國打下燕國時為什麼沒有屠城？

再說秦朝律法嚴苛，從 1975 年出土的文獻《雲夢睡虎地秦簡》中，我們可以看到許多表現出法家輕罪重罰的案例，例如：連坐制度。但是，秦朝雖然重刑卻不濫用刑法。

> 治獄，能以書從迹其言，毋笞掠而得人情為上；笞掠為下；
> 有恐為敗。
> ——《雲夢睡虎地秦墓竹簡‧封診式》

司法官審案時要依法依據尋找事實真相，不可以嚴刑拷打。雖然因為時代侷限，秦代律法有很多缺點，但它卻為之後古代中國法律的發展奠定了基礎。

三、三大罪行之勞民傷財

關於秦始皇勞民傷財的傳聞似乎有很多，前有孟姜女哭倒長城，後有幾十萬苦力修阿房宮。秦始皇的臣民們在他的壓迫下，每日起早摸黑，只要生命不息，就要工作不止。

首先，我們來說說萬里長城。其實長城在秦朝之前就開始修建了，其後西漢、北朝、隋朝、遼、金、明朝等也曾先後增修過長城。

　　秦始皇本來只想維修之前已經修建好的長城，但是邊境敵人擅長騎射，活動範圍大，不停地在秦朝的邊界來回試探。

如果不修建長城抵禦，就得增加更多的兵力防守。因此，秦始皇開始在原有基礎上修築、連接北方長城，總長度在 1 萬里左右。

其次，我們還要談一談在〈阿房宮賦〉裡被描寫得極盡奢華的阿房宮。

經 2002 年 10 月至 2004 年 10 月的阿房宮遺址考古發掘工作證實，歷史上的阿房宮遺址只建造了前殿台基。

> 高低冥迷，不知西東。歌台暖響，春光融融；舞殿冷袖，
> 風雨淒淒。
>
> ——杜牧《阿房宮賦》

在出土的文物《雲夢睡虎地秦簡》中，我們也可以看到，秦始皇時期的徭役並不是無限徵用的免費勞動力。徭役有工資，還有 40 天的農忙假期。而且每戶不能同時徵調兩人服徭役。此外，女性做針線活也有工錢。

看完秦始皇的「暴君三大罪」後，也許有人認為本單元只是一心為秦始皇辯護，但其實並不是。

從我們今天的角度來看，秦始皇花費這些人力、物力，對後世的國家邊防和農業治理還是有一定作用。

對於秦始皇統治年間經歷了無數戰亂的人民來說，他們的需求是休養生息，恢復生產力。

那些修長城防禦敵人、興建水利的大事距離他們個人很遠。而且在那段時期，儒學被打壓，嚴苛的法家盛行，因此人民視秦始皇為「暴君」也不足為奇了。

歷史總是多面性的。你覺得秦始皇究竟是「暴君」還是「千古一帝」呢？

你們說說我這個人怎麼樣？

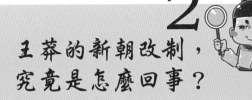

王莽的新朝改制，
究竟是怎麼回事？

　　一說起王莽，很多人會想到他建立新朝，改革舊制的一系列
措施：平分土地、禁止買賣奴隸、發放低利息貸款給窮人……
這些行為在當時看起來似乎非常先進。所以，人們就肯定王莽，
說他是一個先進的改革派。

封建社會的皇帝剝削成性，相對而言，
王莽簡直太優秀了！

沒錯，他還發明了「游標卡尺」，
比西方早了 1600 多年！

　　那麼，王莽的改革措施真的很先進嗎？

一、王莽的先進思想是怎麼來的？

　　成長環境影響思維的形成。要想知道王莽為什麼能想出這些看似先進的措施，就得先瞭解他的成長背景。

　　大家都知道，漢朝天下是劉家的天下。

對喔，王莽姓王，他怎麼能奪取劉家的帝位呢？

　　王氏家族裡有九個人封侯，其中有五個人做了帝國的「第二把手」——大司馬。他們個個驕奢淫逸、揮金如土。偏偏王莽的父親死得早，以至於他從小就孤立無援，被全家族看不起。

　　可是王莽從小就很爭氣。他不但自覺地過起了清貧的生活，還是一個標準的「別人家的小孩」。

少年王莽

首先，他親自照顧寡母、寡嫂、侄子和生病的叔叔，非常孝順；其次，他廣交儒生朋友，總是請窮學生吃飯，十分謙遜；此外，他拋下富貴生活，跑到山裡拜儒學泰斗為師，專心學習《儀禮》等儒家經典，可謂好學至極。

更為重要的是，他總想模仿周公和孔子，打造一個像周朝一樣的完美朝代，以此來改變西漢土地兼併嚴重的困境，不讓百姓越活越窮。

> 莽曰：「……強者規田以千數，弱者曾無立錐之居。又置奴婢之市，與牛馬同欄，……」
>
> ——《漢書·王莽傳》

靠著「天下為公」的夢想和自己的人格魅力，王莽獲得了家族中大司馬的官位世襲權。此時的王莽可以說是風光無限，權力極大。

但是官做得越大，王莽反而越節約。他把工資分給沒錢吃飯的窮書生，自己和老婆穿著破麻衣招待貴族朋友。下朝後，他還常去找農民聊天，聽他們「吐苦水」。

　　當民間爆發瘟疫、蝗災、洪災時，王莽帶頭吃素，祈求平安。同時他還下令給災民減稅，建了大約一千間房子安置他們。官員和百姓都誇他是大聖人。

　　而此時的朝廷正忙著起內訌……

　　王莽就順勢一鼓作氣，滅了西漢，建立了新朝。

稱帝後，他做的第一件事就是為百姓謀福利。他提出了土地國有，禁止販賣奴隸，還建了「五均賒貸」，發展「計劃經濟」。

從王莽的成長環境來看，他的思想真的很先進。

不，他的真實目的是想回到過去……

二、你以為是超前，實際上是復古

王莽信奉儒家思想，認為百姓要安居樂業，必須回到孔子夢寐以求的西周禮治時代。所以，他高舉復古大旗，全面恢復西周的周禮制度，實行新政。

王莽

王莽：來，跟我一起唱歌！

儒家的終極夢想是「天下為公」。身為儒家的支持者之一，漢哀帝曾經實施過限田制。

王莽借鑒它，改為王田制——沒地的農民能分到一百畝地，多占土地的地主要無條件上交多餘的土地，所有人都不能買賣抵押土地。

莽曰：「古者，設廬井八家，一夫一婦田百畝，什一而稅，則國給民富而頌聲作。此唐虞之道，三代所遵行也。……」
——《漢書·王莽傳》

儒家以「人」為本，認為人的生命是天地間最珍貴的，所以王莽廢除奴隸買賣。

> 天地之性人為貴。
>
> ——《孝經・聖治》

> 奸虐之人因緣為利，至略賣人妻子，逆天心，悖人倫，繆於「天地之性人為貴」之義。
>
> ——《漢書・王莽傳》

儒家宣導財富平等，投機可恥。王莽就將鹽、鐵、酒等貿易權收歸國有，不讓商人囤積民生物資，還在六大城市進行物價管制，平衡物價。

朝廷利用各地統一徵購和運輸貨物的政策，在物價高時拋售貨物，物價低時進行收購，增加了朝廷的經濟實力的同時，平衡了市場的物價。

怕窮人買不起棺材，王莽還開啟了「免利息貸款業務」；怕農民沒錢開創自己的副業，王莽又辦起了「低利息貸款業務」。

所以說，王莽的先進想法都是跟古人學的，並非自己的原創。

三、你以為是時機不對，其實是能力不行

大家只知道，王莽所推動的那些措施在封建社會顯得與眾不同，時代的發展跟不上他改革的步伐，卻不知道他的改革早就出現了致命性問題。

①分地不吸取教訓，廢奴還「雙標」

平分土地這件事，漢哀帝也做過，但他最終失敗了。原因就是他觸碰到了地主的利益，卻沒能搞定地主。

王莽沒吸取失敗的教訓，不先去搞定地主，只是強行規定：地主多的土地要充公。更關鍵的是，王莽根本沒有安排人手下地測量需要平分的土地有多少。

結果，王莽既沒搞定地主，國家能分的地又太少。

再加上官員也沒量好土地，分地不知從哪裡下手。王田制的執行進入死循環，不得不在 2 年後被廢除。

在廢除奴隸買賣方面，王莽還「雙標」。

首先，他將反對改革的人都貶為奴隸，完全不講理。其次，民間買奴隸犯法，皇宮和貴族買奴隸卻合法。再加上窮人遇上饑荒，不賣身為奴根本沒飯吃，所以到頭來奴隸買賣的改革根本無法執行。

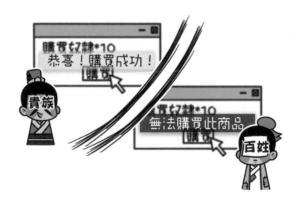

②偏離現實，讓窮人越來越窮

王莽實行物價管制，是為了不讓商人投機，但他卻找了當地富豪去管制物價。結果官商勾結，物價越來越高，百姓更買不起了。

為了掠奪地主、貴族的錢，抑制貧富分化，僅僅 7 年時間，王莽就進行了四次貨幣改革，廢除百姓用了 100 多年的五銖錢，發行了六種貨幣、二十八種面值，其中還有遠古時期的貨幣——龜甲和貝殼。

好多種錢啊，我一個都不認識。

最關鍵的是，這些貨幣的重量越來越輕，面值卻越來越大，導致貨幣貶值嚴重。這樣一來，大部分的錢全轉移到朝廷手裡，百姓更窮了。

最令人哭笑不得的是，一味復古的王莽又徵收起了「名山大澤」稅。只要你去打漁、打獵、採山珍、養殖、紡織、算命，就得交稅。這逼得窮人只能回到最初的原點，去種田或賣身為奴了。

> 民浮游無事，出夫布一匹。
>
> ——《漢書·食貨志》

③只說不做，主意一出就放手不管

為了保證改革成功，王莽訂了重刑。

他機械地照搬儒家的復古作法：只要皇上有德，制度訂好，酷刑一設，不用執行，天下也會太平。他轉身就去研究禮樂，當只出一張嘴，什麼也不管了。

> 莽意以為制定則天下自平，故銳思於地理，制禮，作樂，
> 講合《六經》之說。
>
> ——《資治通鑑·漢紀三十》

這次漏洞百出的王莽改制，導致的後果很「有效率」。

他同時破壞了貴族、地主、商人和百姓的利益。於是，這些人就團結起義，逼王莽交出皇位。

> 農商失業，食貨俱廢，民人至涕泣於市道。
>
> ——《資治通鑑·漢紀二十九》

王莽毫無反抗之力，臨死前，他淋著雨，跪地大哭，求上天庇護，保住他的皇位。

> 周禮及春秋左氏，國有大災，則哭以厭之。……（莽）因
> 搏心大哭，氣盡，伏而叩頭。
>
> ──《漢書·王莽傳》

　　說到底，王莽改革本質上還是在維護封建社會的規則。為了捍衛階級利益，他還是會剝削人民。

　　雖然王莽的改革措施最終都以失敗告終，但是他那志向遠大、勤奮努力的成長經歷，是值得我們學習的。

3

東方朔為何能成為
李白的偶像？

　　《史記》全書包括十二本紀、三十世家、七十列傳、十表、八書。而在七十列傳裡，有一個名字看起來格格不入，它叫《滑稽列傳》。

　　一看到「滑稽」（ㄍㄨˇㄐㄧ）兩個字，不少人可能以為這個列傳是搞笑人物合集，如果真這麼想，那就太天真了。今天就以東方朔為主角，來帶你看看「滑稽者」究竟是什麼樣的人。

一、有才這件事，當然得說出來

在漢朝，選拔官員以薦舉制為主，從字面上可以理解為由官員推舉地方的優秀人才。

而我們的主人公東方朔，出身普通，也沒有可靠的朋友，有的只是「說、學、逗、唱」的技能。照這麼發展下去，頂多當個「街頭藝人」混口飯吃。

他碰巧遇上了漢武帝劉徹登基。新皇帝總想變點新花樣，急需八方人才來支援。這時候，姓為東方卻絲毫沒有東方謙遜氣質的東方朔，帶著他的履歷，閃亮登場。

　　放下履歷，東方朔侃侃而談。本人能文又能武，有才又有顏，年僅 22 歲，身高 9 尺 3 寸，集四大傑出青年優點於一身，是個只要是清醒的長官，都一定會聘用的優質人才。

優點	● 才貌雙全
特長	● 文武兼備
年齡	● 年僅22歲
體型	● 身高210公分
總結	● 集四大傑出青年優點於一身
標籤	● 優秀人才

東方朔

根據漢朝尺度來計算

一尺≈23公分
九尺三寸≈9.3 x 23
≈214公分
＝2.14公尺

> 臣朔年二十二，長九尺三寸，目若懸珠，齒若編貝，勇若
> 孟賁，捷若慶忌，廉若鮑叔，信若尾生。
>
> —— 《漢書·東方朔傳》

雖說寫履歷是得多誇誇自己，但能把自己誇成這樣的，確實不多見。這引起了漢武帝的注意，東方朔成功通過初試，來到了公車府待詔。

二、機會得靠自己爭取

過了初試的東方朔非常積極，天天寫奏摺，寫了三千多份。漢武帝倒也沒嫌棄，硬是花了 2 個多月把這些奏摺讀完了。

讀是讀完了，複試的召喚卻遲遲沒來。眼看著時間一天天過去，如果繼續在這裡耗下去，簡直白費自己這種人間奇才。

於是東方朔決定開闢一條新道路，他把目光望向了馬廄。

東方朔對養馬的侏儒說：「皇上認為你們種地不如別人，做官不能治理好百姓，行軍打仗又不能勝任，對國家沒有幫助，只會空手討要衣服食物，現在他想要把你們全殺掉。」

> 朔紿騶朱儒，曰：「上以若曹無益於縣官，耕田力作固不及人，臨眾處官不能治民，從軍擊虜不任兵事，無益於國用，徒索衣食，今欲盡殺若曹。」朱儒大恐，啼泣。
>
> ——《漢書·東方朔傳》

把人嚇得痛哭流涕後，東方朔又急忙安撫：「問題不大，等皇帝從這裡經過，你們就立刻磕頭請罪。」

朔教曰：「上即過，叩頭請罪。」

——《漢書·東方朔傳》

侏儒聽後表示，讀書人就是不一樣啊，講的方法都這麼簡單、易懂、好操作。

這腦子確實不太好用。

於是那一天，路過馬廄的漢武帝，迎來了一場別開生面的侏儒齊磕頭儀式。見到此情此景，路人紛紛側目。

於是，東方朔如願以償，得到了漢武帝的召喚。

東方朔說，我的身高是侏儒的三倍，工資卻和他們一樣，這點錢怎麼能讓我吃飽？所以您要嘛讓我吃頓飽飯，要嘛讓我回老家。

　　漢武帝一聽，不就是升職加薪的事嗎？居然還專門演場戲。

臣朔生亦言，死亦言。朱儒長三尺餘，奉一囊粟，錢二百四十。臣朔長九尺餘，亦奉一囊粟，錢二百四十。朱儒飽欲死，臣朔饑欲死。臣言可用，幸異其禮；不可用，罷之，無令但索長安米。

—— 《漢書‧東方朔傳》

漢武帝平時上朝也覺得煩，有這樣能帶動氣氛的傢伙在身邊娛樂調劑生活，倒也不賴。於是東方朔成功從公車府晉升到金馬門。

　　即便升官了，東方朔那顆堅持先吃飽飯的心，還是沒有變。

　　一次三伏天，漢武帝搞了個送肉的福利，還特意派專人去割肉，很有儀式感。結果天都黑了，肉都快餿了，割肉的人還沒來。在別人敢怒不敢言時，東方朔拔劍站了出來——

> 久之，伏日，詔賜從官肉。大官丞日晏不來，朔獨拔劍割肉，謂其同官曰：「伏日當蚤歸，請受賜。」即懷肉去。
>
> ——《漢書·東方朔傳》

不用想，這個舉動又被告到漢武帝那去了。

才剛一問，東方朔就直接跪下了，反倒把漢武帝嚇了一跳。

東方朔選擇倔強地跪著，並開始「罵」自己。

> 朔來！朔來！受賜不待詔，何無禮也！拔劍割肉，一何壯
> 也！割之不多，又何廉也！歸遺細君，又何仁也！
>
> ——《漢書·東方朔傳》

　　一頓「罵」式自誇，把漢武帝給逗樂了。東方朔不僅沒被罰，反倒得了酒和 100 斤肉的賞賜回家。

三、勸人這件事，真的很需要技巧

　　漢武帝是出了名的脾氣不好，在位期間任用了十三位宰相，其中有超過一半的人沒什麼好下場，使得後期都沒人敢當宰相。

向天再借 500 年，是每個皇帝的夢想，所以他們通常都會迷信修道。漢武帝也不例外，他喜歡玩有獎猜謎，企圖試探出誰是真正的預言家。

東方朔的運氣非常好，在別人都猜不出謎題的時候，他總能一發必中，惹得漢武帝心花怒放，連連賞帛。而東方朔也沒浪費這份喜歡，天天用各種方式勸漢武帝好好做人。

> 於是朔乃肯言，曰：「所謂騶牙者也。遠方當來歸義，而騶牙先見。其齒前後若一，齊等無牙，故謂之騶牙。」其後一歲所，匈奴混邪王果將十萬眾來降漢。
>
> ——《史記・滑稽列傳》

有人殺了上林苑的鹿被判死罪，東方朔說：「這人該死，鹿鹿這麼可愛，怎麼能殺鹿鹿？這人該死，這下全天下人都知道鹿命比人命重要了！這人該死，戰場上還等著鹿角去攻擊敵人呢！」

也不是沒想過回嘴，但
當時腦子就是轉不過來。

（東方朔）曰：「是人固當死者三：使陛下以鹿之故煞人，
一當死也；使天下聞之，皆以陛下為重鹿賤人，二當死也；
匈奴即有急，推鹿觸之，三當死也。」武帝默然，遂赦之。
——《藝文類聚·卷二十四·人部八》

漢武帝為了長生不老，命人尋來了「不死酒」，剛想喝就被
東方朔以辨真假為理由，搶過來一口乾了，氣得漢武帝想當場
殺人。

東方朔卻悠悠地說道：「您殺了我吧，我要是死了就證明這
是假酒，要是沒死就證明這是真酒。」

也不是不想，但總覺得
這樣做就證明我錯了。

> 東方朔曰：「臣識此酒，請視之。」因一杯至盡。帝欲殺
> 之，朔曰：「殺朔若死，此為不驗；若其有驗，殺亦不死。」
> 帝赦之。
>
> ——《太平御覽·卷十四·地部》

漢武帝不明白，為何民眾奢侈成風，不再好好種田？東方朔
說：「孝文帝貴為天子，自己穿粗布衣服，百姓純樸很正常……
皇上您貴為天子，連您的狗都披五彩毛毯，百姓奢侈難道不正
常嗎？」

> 願近述孝文皇帝之時，當世耆老皆聞見之。貴為天子，富
> 有四海，身衣弋綈，足履革舃，……今陛下以城中為小，
> 圖起建章，左鳳闕，右神明，……而欲使民獨不奢侈失農，
> 事之難者也。
>
> ——《漢書·東方朔傳》

不得不說，這些話如果不是出自東方朔之口，這人可能不知道要掉多少次腦袋了。

這就免不了惹人嫉妒。有人就嘲諷東方朔，混了這麼多年就算再得寵，不也就是個侍郎（宮廷近侍）。

結果東方朔一開口反擊，就說得對方啞口無言。大家說他真的太狂妄了，他卻說：「既然可以在宮殿中避世全身，又何必隱居在深山之中、蒿廬之下。」

只不過到了晚年，偶然回想起自己這一輩子，東方朔還是感覺到挫敗。本想做個表面上的小丑改變世界，卻好像被漢武帝當成了真小丑。

於是在最後一次的勸誡中，他脫下了小丑的面具，不再用俏皮話開頭，也不再厚著臉皮地要賞賜，只是單純地說道：「願陛下遠巧佞，退讒言。」

漢武帝不禁驚了：「今天你說話怎麼這麼正經？」東方朔笑而不語。

帝曰：「今顧東方朔多善言？」
　　　　　　　　　　　——《史記·滑稽列傳》

這麼多年過去了，東方朔總是抱怨世人不懂他的大隱隱於朝，而世人總是嘲笑他的死鴨子嘴硬。

還好，幾百年後有個人讀懂了他，寫下一句「世人不識東方朔，大隱金門是謫仙。」如果東方朔知道一定會說：

我的粉絲可是詩仙，我早就說我很厲害了吧！

啊啊啊！是東方朔！

李白

我們透過東方朔的故事也可以看出，《滑稽列傳》裡的「滑稽者」不是一群搞笑的人，而是一群用看似無厘頭的方式，去認真勸諫的人。

在《太史公自序》中，司馬遷為「滑稽者們」做了一個總結：「不流世俗，不爭勢利，上下無所凝滯，人莫之害，以道之用。」這些人行事不隨波逐流，也不爭名奪利。

他們期望言路暢通，下級的勸諫能及時上達，在自我保全的同時，以自己堅守的道來教化世人。

這正是我們應該從「滑稽者們」身上學習的地方：用自己的風格表達出心中所想，用自己的方式，維護內心所信仰的理想世界。

4 商業鼻祖白圭還是一名氣象專家？

說到古代的有名商人，大家腦中出現的，可能是范蠡、呂不韋、管仲等膾炙人口的名人。但很少有人知道，真正的商業鼻祖，其實是「野生氣象」愛好者：白圭。不愛政治偏愛自然科學的他，是如何一步步成長為商界傑出人才的呢？

一、強摘的瓜，真的很甜

鬼谷子是縱橫家創始人，找他拜師的，不是想學能舌戰群雄的縱橫術，就是想學足以名垂青史的兵法謀略。只有一個人，明顯和別人不一樣──

當別人都想透過謀略驚豔世人時，只有白圭執著於自然科學。
經過不懈的努力，他順利地走上了大禹的道路。

魏國由於都城大梁靠近黃河，所以總是鬧洪水，民眾苦不堪言。這不正是運用自然科學的好機會嗎？於是白圭便開始學以致用。

基於經驗觀察和細緻分析，白圭一下子就把握住「千里之堤，毀於蟻穴」的問題核心。於是，從他決定治水的那天起，螞蟻們的好日子算是走到了盡頭。

　　雖然你可能不信，但白圭真就靠著堵螞蟻洞的作法，讓大堤從此穩如泰山，如果大禹看了也許都要按個讚。

就在人們以為白圭治好水後可以平步青雲，走向人生巔峰時，他卻偷偷辭職了。

畢竟，堵好河堤的蟻穴容易，要使國家長治久安就難了。魏國越發展，內部反而越腐敗。

白圭也沒什麼辦法，畢竟術業有專攻。於是他決定拿自己做個嘗試。

他離開魏國；又在途經中山國、齊國時，推掉了請他去幫忙治國的邀約。因為白圭發現這些國家積貧積弱已久，自己也無力回天。

我雖然能治水，但你們國家比水還難治。

走到秦國時，白圭本想一展抱負，結果商鞅早已先他一步。二人觀念不合，白圭立刻放棄了秦國。

就這樣，他進入了一種閒者狀態。他想知道在這種狀態下自己能做出點什麼。一整年過去了，他果然——

直到某一天，白圭抬頭看了看天空，想起了最初鬼谷子老師教授他自然科學的那些時光。

於是，他放棄了到處謀求賞識的作法，決定自己翻身當「老闆」。

二、認識規律，科技致富

在戰國時期，珠寶行業帶動了一批人致富。而固執的白圭，又走了一條不尋常的路──販賣農副產品。他堅信珠寶可以不戴，但飯不能不吃。

我是堅定不移的自然科學代言人。

根據自己優秀的自然科學天賦，透過準確判斷天文和氣象，白圭以 12 年為一個週期，總結出了一套農產品收成規律。

> 太陰在卯，穰；明歲衰惡。至午，旱；明歲美。至酉，穰；
> 明歲衰惡。至子，大旱；明歲美，有水。至卯，積著率歲倍。
>
> ——《史記‧貨殖列傳》

按照這個自然規律，白圭在糧食豐收時瘋狂囤糧，賣別的農副產品。等天災大旱時節，他就出售所囤的糧食，反過來購買那些農副產品。

> 而白圭樂觀時變，故人棄我取，人取我與。
>
> ——《史記‧貨殖列傳》

> 夫歲熟取穀，予之絲漆；繭出取帛絮，予之食。
>
> ——《史記‧貨殖列傳》

總之就是「人棄我取，人取我與」，簡單來說就四個字：反向操作。

雖然道理看起來大家都懂，但真實操作起來，卻很少有人能成功。而白圭不一樣，出於對自己天賦的自信，當別人還在猶豫時，他早就如「猛獸摯鳥之發」，囤得盆滿缽滿。

> 　　與用事僮僕同苦樂，趨時若猛獸摯鳥之發。
> ——《史記‧貨殖列傳》

靠著優秀的學科能力和強大的心臟，薄利多銷的白圭一舉成為當年的全國首富。憑藉比「龍王」還準時的天氣預報，打敗「不知妻美」的范蠡，成為「商祖」。

三、走進科學，全民致富

很多人實現財富自由之後，就開始胡亂揮霍，但成熟的白圭向來思慮深遠。不僅依靠自然科學，他還把握了商機，開啟了輝煌的事業。

在普通老百姓看來，這些商人不事生產，依靠倒買倒賣就發了大財，動搖了國家農業生產的根本。如果他們因此聯合起來抵制「白圭出品」，那麼再大的商業帝國也會崩潰。

所以在災荒年代，白圭會主動把糧食以低於市價的價格賣出，幫助百姓度過災荒，穩住顧客的心態，收穫好口碑，讓事業可以持續發展。

　　而且有別於秦國商鞅直接的「重農抑商」，白圭講究「農商兩開花」，建議大家買好種子。這樣農民增加產量，白圭增加貨源，讓商業促進農業生產，又讓農業推進商業經營，最終實現雙贏。

　　漸漸地，等到將商業做到登峰造極之後，他開始專注於教育事業，創建了最早的「商學院」，傳授運用自然科學的經商之道。

在那個商人地位最低的年代，白圭以最高的要求招生，致力於培育最優秀的人才。學生不僅自然科學素養得過關，還得有勇有謀、有仁有義。

是故其智不足與權變，勇不足以決斷，仁不能以取予，強不能有所守，雖欲學吾術，終不告之矣。

—— 《史記 · 貨殖列傳》

值得慶幸的是，如今的我們可以輕鬆獲取白圭成功的祕密，而無須經過層層篩選。

因此從現在開始，每天記得抬頭觀測氣候變化，只要堅持下去，你就會發現，視力更好了，頭腦也更清醒了。

5
春秋名相管仲
年輕時是個「萬人嫌」?

如果有這樣一個人,替你扛下所有,還給你錢花,不求回報,只求你好,那不用懷疑,他一定是——

這個我知道,他一定是……

你爸爸!

本單元的兩位主角只是萍水相逢，且起初生活境遇也天差地別，但就在轉身一見之後，兩人成就了流傳千古的友情佳話。杜甫就曾感嘆：「君不見管鮑貧時交，此道今人棄如土。」說到這裡，讓我們先請多金男一號閃亮登場。

有錢人的想法總是很特別，鮑叔牙也不例外。他一生的崇高理想和目標，就是能像伯樂一樣，相中屬於自己的「千里馬」。

當然，有一點我們要知道，如果對方已經夠優秀，就不需要伯樂。只有那些埋沒在人群中的潛力股，才是真正值得注目的。

而那日不經意的一瞥，鮑叔牙在茫茫人海中看中了管仲。

一、「扶不起」的管仲

他倆人一見如故，肝膽相照。鮑叔牙確實眼光獨到，管仲也果然不負眾望。一起做生意時，管仲出得少、拿得多，惹來別人抱怨。

> 吾少窮困時，嘗與鮑叔賈，分財利多自與；鮑叔不以我為
> 貪，知我貧也。
>
> ——《列子·力命》

為答謝鮑叔牙，管仲主動為鮑叔牙出謀獻策。結果，解鎖了人生中的「新成就」——每出必敗。

> 吾嘗為鮑叔謀事，而更窮困，鮑叔不以我為愚，知時有利
> 不利也。
>
> ——《列子·力命》

出主意不行，那朝九晚五工作總行了吧，鮑叔牙又推薦管仲去當官。然後，他經歷了被連續辭退三次的命運。

> 吾嘗三仕，三見逐於君，鮑叔不以我為不肖，知我不遭時
> 也。
>
> ——《列子‧力命》

官當不成，管仲決定棄文從武，帶兵打仗，結果每次都是，
攻得最慢，跑得最快。

吾嘗三戰三走，鮑叔不以我為怯，知我有老母也。

——《列子‧力命》

事不過三，這都多少次了，你怎麼還記不住？

不，這是身為「伯樂」應該做的。

果然懂我的人只有你。

生我者父母，知我者鮑叔也！

——《列子‧力命》

好羨慕啊！

人生有時就如一場戲，而管仲和鮑叔牙的人生分岔點，就出現在齊國政治混亂之時。

二、成功逆襲的管仲

　　西元前 698 年，齊襄公即位。他荒淫無道，肆意殺人。為了保命，大家紛紛逃出齊國。此時，管仲和鮑叔牙跟著不同的老闆，開始了不同的人生旅途。

　　西元前 686 年，「人間禍害」齊襄公被殺害，殺人者自己上位，結果又被別人殺了，這下齊國沒了君主。

流浪魯國的公子糾和流浪莒（ㄐㄩˇ）國的公子小白，收到消息後，開始了緊張刺激的賽跑遊戲。

都醒醒，起來跑八百公尺了。

說好的靠實力公平競爭，身為哥哥的公子糾卻暗裡謀劃，派管仲去射殺公子小白。管仲不負所托，一箭將公子小白射倒在地。公子糾是否就這麼贏了呢？

朋友，你聽說過龜兔賽跑的故事嗎？

失去了競爭對手的公子糾，覺得王座已穩，便不著急趕路，悠哉悠哉地慢慢回國，結果卻聽到公子小白先一步繼位的消息。

公子糾的計畫本來很完美，問題在於安排錯了射手。管仲的確一擊命中，可是恰巧射在了公子小白的銅製衣帶鉤上。

被射的公子小白順勢倒地，以迷惑敵人。等管仲走後，他拚命趕路，先到齊國繼位，成為齊桓公。

　憤憤不平的公子糾又請魯莊公為自己出兵奪位，卻在干時（亦作「乾時」）一敗塗地，最終被魯國處死。

　齊桓公即位後，想請鮑叔牙擔任相國。鮑叔牙卻說：「如果只是想治理好齊國，那我就足矣，但如果你的夢想是與諸侯國爭霸，那必須得用管仲才行。」於是，齊桓公派使臣前去要回管仲。

> 君將治齊，即高傒與叔牙足也。君且欲霸王，非管夷吾不
> 可。
>
> ——《史記·齊太公世家》

但公子糾的靠山魯國也不傻，知道管仲的才能。如果把他交出去治理別國，魯國就更沒出路了。然而齊國使臣自有一番說辭——

最終，管仲回到齊國。齊桓公與他暢聊三天三夜後，將他封為相國。果然如鮑叔牙所言，管仲輔助齊桓公登上霸主之位，同時個人還成就了諸多傳奇，甚至成了諸葛亮的偶像。

> 亮躬耕隴畝，好為《梁父吟》。身長八尺，每自比於管仲、
> 樂毅，時人莫之許也。
>
> ——《三國志‧蜀書‧諸葛亮傳》

漸漸地，管仲的光芒蓋過鮑叔牙。人們提起鮑叔牙時，只知道那是管仲的朋友。

三、管鮑之交

西元前 645 年，管仲彌留之際，齊桓公問他誰可以接替相位，管仲反問齊桓公覺得誰比較合適。齊桓公說：「鮑叔牙。」管仲急忙說：「不可。」

這不是忘恩負義嗎？

> 管仲敬諾，曰：「公誰欲與？」公曰：「鮑叔牙可乎？」
> 管仲對曰：「不可。」
>
> ——《庄子‧雜篇‧徐無鬼》

鮑叔牙在他困難之時接濟他，在他危難之時舉薦他，在他被懷疑時相信他，他臨終時卻連個相國都不推薦鮑叔牙。

　　想必不少人都會認為管仲是個鐵石心腸的人，更有不少奸佞小人，準備利用這件事挑撥離間。

　　但是，鮑叔牙不愧是鮑叔牙。

　　鮑叔牙聽完後笑著說：「嘿，巧了，這正是我推薦管仲的原因。管國家的事，有時候也得用到「壞人」。而我嘛，一向嫉惡如仇。要是我當了相國，哪裡還有你們這些小人的容身之地！」

是乃牙之所以薦仲也。仲忠於為國，不私其友。夫使牙為司寇，驅逐佞人，則有餘矣。若使當國為政，即爾等何所容身乎？

——《東周列國志·第三十回》

鮑叔牙廉潔正直，眼裡容不得沙子，若是讓他當相國，必定過於剛直。有了管仲在，鮑叔牙就可以專心研究政法理論，以輔佐國家。

仲對曰：「鮑叔牙，君子也。雖然，不可以為政。其人善惡過於分明。夫好善可也，惡惡已甚，人誰堪之？鮑叔牙見人之一惡，終身不忘，是其短也。」

——《東周列國志·第二十九回》

而管仲，也不會因害怕鮑叔牙傷心猜忌，而讓他上位去做他最討厭的事情。

所謂知己，是我懂得你適合做什麼，更知道你最不想做什麼，成就你，也便是成就自己。正如南宋的葉適所說：「鮑叔，管仲友也，鮑卑而管貴，美在叔也。」

管鮑之交

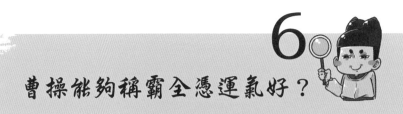

曹操能夠稱霸全憑運氣好？

東漢末年，皇室大亂，各大權力集團競相上位。其中有兩家率先殺出重圍，要一決高下。

三國爭霸的好戲馬上開場！

第一家，是以袁紹為首的士族陣營。

另一家，則是以曹操為首的庶族陣營。

曹操

背景 ● 「三無」平民

資質 ● 無錢、無兵、
無名氣

必殺技 ● 人才收割機

在以出身論輸贏的東漢末年，袁紹所率領的陣營成了各路人才爭相投靠的熱門選項，而曹操陣營卻鮮有人問津。

最終，庶族曹操扭轉乾坤，戰勝貴族袁紹。這一反轉，著實讓人大吃一驚。

那麼，曹操能逆襲稱霸，只是因為運氣好嗎？

第一回合：先賺錢，再找個靠山

出身低和經濟實力差，是曹操的兩大硬傷。軍師毛玠（ㄐㄧㄝˋ）的投靠，一下子就解決了曹操的燃眉之急。

我只是單純被曹老闆的魅力吸引，才不是因為外面很亂，曹老闆的待遇真的很不錯。

一上任毛軍師就給曹操提交了工作規劃：先穩定經濟，才能吸引靠山。

珩語太祖曰：「⋯⋯夫兵義者勝，守位以財，宜奉天子以令不臣，修耕植，畜軍資，如此則霸王之業可成也。」太祖敬納其言，轉幕府功曹。

——《三國志・魏書・崔毛徐何邢鮑司馬傳》

曹操全程跟著計畫走，默默耕耘了 4 年，終於等到了靠山——漢獻帝。

小皇帝一路被追殺，過著乞丐生活。曹操用大魚大肉照顧著，這下子真的讓小皇帝非常感動。為了卸下小皇帝的防備和猜疑，曹操特意說這大魚大肉是物歸原主，開始了「奉天子以令不臣」的計畫。

看在好吃好喝的分上，小皇帝全力支持曹操，封他為大將軍，總領全國政務。小皇帝就這樣成了曹操的「護身符」。

漢獻帝牌
護身符

還在為自己人才濟濟而洋洋得意的袁紹，恍然發現自己竟已落後。曹操不但找到靠山，官位還比他高。

　　此時的袁紹並不明白，他並不是輸在速度慢，而是輸在思維邏輯上。

　　袁紹的思維是，「挾天子以令諸侯」，先占地為王，再想辦法得到皇帝的支持，然後威脅大臣，明顯只為自家利益。

> 袁紹叛卒詣公雲：「田豐使紹早襲許，若挾天子以令諸侯，四海可指麾而定。」
>
> ——《三國志·魏書·武帝紀》裴松之注

但是曹操是「奉天子以令不臣」，服務皇帝完成工作，為的是國家統一。這忠誠度正中小皇帝下懷。正是這樣的格局讓曹操打仗時，都能師出有名。

　　第一回合，曹操勝出。

　　作為強隊登場的袁紹，不但計畫已然落後，還拚命給曹操輸送人才，成就對手輝煌。

　　一開始曹操被人攔住，根本見不到漢獻帝。就在他要放棄之時，董昭突然出現，為曹操打通人脈，出錢出力，把小皇帝送到曹操陣營，為曹操殺出一條血路。

　　而董昭原本是袁紹的手下，由於不被袁紹信任，他只好辭職，轉身投入曹操陣營。

第二回合：善用懷柔之術，大方送官職

　　安頓好小皇帝後，曹操拿到黃河以南的市場，斬獲各路人才。

　　站穩腳步後，他下的第一道命令，就是批評袁紹不保護皇帝，反而占地為王地內鬥。現在誰敢反對這位匡扶漢室的曹操，就是反對皇帝。

　　袁紹非常生氣，打算開戰，把小皇帝搶回自己的大本營，好好享受這個權力「護身符」。

　袁紹集團畢竟強大，手握黃河以北的勢力。而曹操暫時還經不起兵力、財力的浪費，他不敢硬碰硬。

　曹操細細分析過，即便左拿皇帝，右持大將軍之位，但地位並不穩，各地省長也不會聽他指揮。袁紹還是可以隨時帶著手下，前來圍剿。所以他得慢慢圖謀，不能逞一時之強。

　於是，曹操採取懷柔政策，大方地把大將軍職位送給了袁紹。袁紹一時心滿意足，便按兵不動，安心地當著大將軍。

真香！

於是以袁紹為太尉，紹恥班在公下，不肯受。公乃固辭，以大將軍讓紹。

——《三國志·魏書·武帝紀》

這一局，曹操以退為進，袁紹險勝。

第三回合：重用人才，巧得軍團

剛才說過，黃河以北歸袁紹管。按照歷史走向，曹操要反敗為勝，必須參與官渡之戰。

但是，要獲得參與官渡之戰的入場券，曹操還要繼續攻下南方，獲得更多籌碼。第一個被曹操拿來開刀的，便是南陽軍閥張繡。

張繡

為什麼受傷的總是我？！

淯水之戰雙方往來好幾個回合。張繡很狡猾，曹操攻城，他投降，等曹操退兵，他又反叛，打得曹操一時措手不及，甚至賠上了長子曹昂的命。

而賈詡正是這起反叛的策劃人，這個「算命仙」的「算命」能力滿分。在他的勸說下，張繡和鄰居──荊州劉表形成聯盟，共同擊退了曹操多次進攻。

關鍵一戰終於到來。

賈詡判斷這次曹軍撤退，曹操會親自斷後，張繡一定打不過。然而張繡並沒有接納賈詡的建議，最後果然白白送上人頭。

不聽下屬言，吃虧在眼前。

> 太祖比征之，一朝引軍退，繡自追之。詡謂繡曰：「不可追也，追必敗。」繡不從，進兵交戰，大敗而還。
>
> ——《三國志·魏書·荀彧荀攸賈詡傳》

等張繡決定收兵時，賈詡反而建議他出兵，結果張繡大獲全勝。

賈詡怎麼就像是曹操肚子裡面的蛔蟲，竟然對他的一舉一動瞭若指掌呢？

原來，此時袁紹趁曹操出差，前來偷取小皇帝。曹操被迫緊急撤兵，自然顧前不顧後。

漢獻帝

能不能讓我安心吃完這個雞腿，老是偷我。

賈詡和張繡算計了曹操那麼多次，按道理來說，雙方是死對頭。可是偏偏，他們反而成了曹操在官渡之戰中的籌碼。

官渡之戰開始前期，袁紹前來拉攏張繡。但此時賈詡卻想跟隨曹操，拒絕跟袁紹聯盟。張繡一下子傻了。

曹操那麼弱，你跟他做什麼？

我只是單純被曹老闆的魅力吸引，才不是因為他有皇帝撐腰，投他是大勢所趨。再加上袁紹家大業大，你這點兵力，都不夠他塞牙縫，他不會重用你的，但如果跟了弱方曹操，他會很感動！

> 詡曰：「此乃所以宜從也。夫曹公奉天子以令天下，其宜從一也。紹彊盛，我以少眾從之，必不以我為重。曹公眾弱，其得我必喜，其宜從二也。夫有霸王之志者，固將釋私怨，以明德於四海，其宜從三也。願將軍無疑！」繡從之，率眾歸太祖。
>
> ——《三國志·魏書·荀彧荀攸賈詡傳》

　　白白撿了張繡軍團，曹操歡天喜地，愛不釋手。他隨即封張繡為大將軍，雙方結成親家，親上加親。賈詡也成了曹操的智多星之一，服務了曹家兩代人。

戰場上，沒有永遠的敵人，只有永遠的利益，曹老闆的大度得學著點。

就這樣，張繡投降，劉表中立，曹操控制了一大片南方區域，奪得了半張官渡之戰入場券。

第三回合，曹操用人心和大度贏了袁紹。

在極看重出身的亂世裡，庶族曹操為什麼能突出重圍，獲得和袁紹一較高下的機會呢？

原因一：**及時把握時機**。袁紹總是慢半拍。他不但放敵軍入京，造成東漢大亂，還不能及時掉轉槍頭，為天子服務，只顧圈地為王。相反地，曹操及時拿下了服務天子的先機，有了大靠山。

原因二：**人才都願意在他的手底下做事**。曹操智囊團的一大半成員，都是從袁紹陣營出走前來投靠的。袁紹的敗北，一大半是因為自己的手下。

當上司的，得善待下屬。

今年表現不錯，臘賜（漢代朝廷一年兩次的定期賞賜之一）翻倍。

原因三：霸王之氣。 據說，智囊團願意投奔曹操，是看中了曹操的大將之風，說他有稱王的霸氣。比起富貴的出身，還是威武雄壯的韜略更深得人心。

別問，問就是朕自己說的。

綜上所述，曹操能追趕上袁紹，也不是全憑運氣。

事實證明，我們雖然不能選擇出身，但只要抓住機遇，找對搭檔，敢闖敢拼，外加一點點運氣加持，就能決定結局的走向。

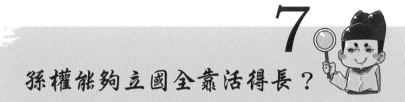

孫權能夠立國全靠活得長？

眾所皆知，呂布戰鬥力很強。那當年，曹操為什麼非要殺他呢？

> 太祖曰：「卿背妻，愛諸將婦，何以為厚？」布默然。
> ——《三國志・魏書・呂布張邈臧洪傳》裴松之注

就此疑問，曹操其實早已發表過個人見解：因為「生子當如孫仲謀」。對此，袁術表示贊同：「使術有子如孫郎，死復何恨！」

> 卓憚堅猛壯，乃遣將軍李傕等來求和親。
>
> ——《三國志・吳書・孫破虜討逆傳》

誇人厲害的辦法千萬種，曹操誇劉備可以用：「今天下英雄，唯使君與操耳」；輪到老孫家就個個都是，你很強，我想與你結為親家。

老孫家究竟有什麼神祕的魅力？

自從孫權建立吳國之後，三國的三足鼎立模式才算正式落成。

仔細思考下，你就會發現，其他兩國成功只需要一兩個人，但老孫家硬是用了三個人。這也難怪別人都想在輩分上做文章。

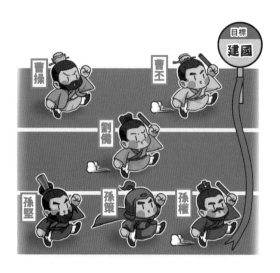

這倒不是老孫家能力不行,反而是因為從他們家初代開始就太厲害,導致老天不得不緊急回收,以免大家過早感受到世界的不公平,失去戰鬥意志。

一、倒楣的孫堅

孫堅是江東陣營發起人，江湖人稱「江東猛虎」。猛虎有多猛呢？別人討伐董卓時，被打得落花流水；他討伐董卓時，卻被主動求和。

今不夷汝三族，縣示四海，則吾死不瞑目，豈將與乃和親邪？

——《三國志·吳書·孫破虜討逆傳》

可惜，孫堅雖然在戰場上猛如虎，但是在選邊時卻選了袁術，而袁術對他毫不信任。

別人隨便一挑撥，袁術就懷疑孫堅要反叛，直接斷了他的軍糧。

以至於孫堅白天辛苦打董卓，轉身還要去安撫袁術。

孫堅本想安撫好袁術後安心打董卓，結果袁術一天一個新想法。董卓不打了，他轉身又想奪荊州。結果就是，董卓沒打完，荊州沒奪下，孫堅卻賭上了性命。

身為和曹操、劉備同一批的人，孫堅卻在 36 歲時就早早出局了。

二、曇花一現的孫策

子承父業，江東集團奠基者孫策上位，江湖人稱「江東小霸王」。

帥哥孫策不僅長相一流，號召力更是一流。他所到之處人人想入他麾下效命，輕輕鬆鬆便俘獲周瑜、張昭、太史慈等一眾曹操欲求而不得的人才，連袁術都忍不住深情表示——

你兒子真棒！

> 策為人，美姿顏……是以士民見者，莫不盡心，樂為致死。
> ——《三國志·吳書·孫破虜討逆傳》

雖說子承父業時，孫策不得已把老闆袁術也「繼承」了。但是孫策終究不是孫堅。老爹慣著袁術，他可不慣。就在袁術日漸膨脹到稱帝時，孫策當場退出袁術大隊，準備自己出來打拚。

他本想趁著曹操和袁紹在官渡火拚時，趁機攻下許昌，擴張自家勢力。

然而

但是螳螂捕蟬，黃雀在後。當時才 26 歲的孫策，還沒來得及大展拳腳，便遇刺身亡了。

臨死前，他找來弟弟孫權和愛將，交代完後事，便死了。

三、以一己之力撐起吳國的孫權

弟承兄業，江東陣營孫權上位，江湖人稱「孫十萬」。

孫權雖說 9 歲喪父，19 歲喪兄，但依舊堅強地憑藉一己之力，用 71 歲的高壽拉高了老孫家的平均壽命。

只要活得夠久，就沒有戰勝不了的敵人！

　　而且相比孫策，孫權明顯幸運多了。畢竟孫策繼承的是他爹的昏庸老闆袁術，而他卻獲得了周瑜，光靠一個赤壁之戰，就拿到了建國的資本。

哥，你真棒！

　　赤壁之戰後，曹操越想越不服氣，回老家重整了一下軍隊，沒多久就到東吳的軍事要塞——濡須口來找麻煩。

礙於赤壁之戰輸得有點慘，曹操也不敢輕舉妄動。即便孫權這邊主動挑釁了幾次，曹操都穩如泰山，只和孫權隔江打口水仗，不輕動分毫。

既然對罵無效，那就假裝送人頭。孫權開著小船就往曹營衝，嚇得曹軍立刻進入作戰模式，下一秒就準備反擊。眼看戰爭一觸即發，好在曹操也是老謀深算，及時叫停，讓大家按兵不動。

這廝八成就是探探底，
小場面，不要慌。

　　果然船才開了 5、6 里，孫權就吹著口哨快樂地回家了。曹操仔細一瞧，江那邊的軍隊果然整整齊齊，就等著曹操這邊先忍不住，順勢一網打盡了。

　　這一回合，讓曹操忍不住表示，「生子當如孫仲謀」。

瞧著陰謀手段，頗有幾分我的影子。

　　不少人可能理所當然地認為，這句話是拿曹丕和孫權比。

　　即便後來曹丕建「魏」後，孫權歸附於他，他也常年憤憤不平，總是懷疑孫權並非真心，三番二次要伐吳。

但是

孫權知道這都是小問題，因為只要活得夠久，問題都會得到解決。等曹丕去世後孫權也懶得裝了，直接起兵叛亂。

西元 229 年，孫權於武昌登基，建國號為吳，孫吳王朝正式建立。雖然一朝稱帝，但其實孫權領兵水準差就像他的外號「孫十萬」一樣，頗為深入人心。

孫十萬 鍾愛合肥旅遊大使

旅遊
經歷

● **建安十三年** 十二月，孫權自將圍合肥，使張昭攻九江之當涂，不克——《資治通鑑》

● **建安二十年** 孫權率眾十萬圍合肥。時張遼、李典、樂進將七千餘人屯合肥……遼叱權下戰，權不敢動，——《資治通鑑》

● **太和四年** 吳主揚聲欲至合肥，征東將軍滿寵表召兗、豫諸軍皆集……吳果更來。到合肥城，不克而還。——《資治通鑑》

● **青龍元年** 吳主出兵欲圍合肥新城，以其遠水，積二十餘日，不敢下船……吳主又使全綜攻六安，亦不克。——《資治通鑑》

● **青龍二年** 五月，吳主入居巢湖口，向合肥新城，眾十萬……吳主始謂帝不能出，聞大軍至，遂遁，孫韶亦退。——《資治通鑑》

在武力上孫權確實不是最好的，但在文化上倒是有所貢獻。至少在數千年之後的國文課本上，孫權是貢獻了閱讀和學習的素材的。

> 初，權謂呂蒙曰：「卿今當塗掌事，不可不學！」蒙辭以軍中多務……蒙曰：「士別三日，即更刮目相待，大兄何見事之晚乎！」
>
> ——《資治通鑒·漢紀五十八》

> 權乘大船來觀軍，公使弓弩亂髮，箭著其船，船偏重將覆，權因回船，復以一面受箭，箭均船平，乃還。
>
> ——《三國志·吳書·吳主傳》裴松之注

曹操不選呂布而選孫權的理由就很明顯了。

8 「桃園三結義」的故事直到元朝才出現？

著名史學家章學誠曾用「七分事實，三分虛構」的說法來點評《三國演義》。但《三國演義》畢竟是小說，適當虛構是創作的需要。既然本書是要帶大家瞭解歷史人物的本來面目，那就讓我們脫離小說，回到史料中去。

說起《三國演義》中的名場面，一定少不了劉關張「桃園三結義」。劉備、關羽和張飛三兄弟的情誼讓人印象深刻。

在史書《三國志》中卻沒有三人結義的相關紀錄。據考證，這個故事是在元代成形的。

在《三國演義》裡，28 歲滿腔熱血的劉備，不得不面對草鞋賣不出去的貧困現實。看著官府的軍隊招聘書，他只能長嘆了一聲。

這一嘆，嘆來了張飛。

張飛愛跟天下豪傑交朋友，劉備表示自己就是身分高貴的（漢室宗親）落魄豪傑，空有身分沒有銀子。張飛說那巧了，我就是有銀子，我可以幫助你完成夢想。

兩人一拍即合，決定去吃頓好的慢慢談。結果在酒館裡，劉備就遇上了第二位隊友。

　　中氣十足的嗓音，加上言語中透露的豪氣，關羽一下子吸引了劉備的注意。他抬頭一看，更是覺得此人不得了。據《三國演義》記載，關羽「身長九尺，髯長二尺；面如重棗，唇若塗脂；丹鳳眼，臥蠶眉，相貌堂堂，威風凜凜」。

劉備立刻招呼關羽共坐飲酒。果然酒未過三旬，三人一拍即合，關羽當場入夥。

張飛提議三人一起去自家莊後的桃園舉行結義的儀式。於是第二天，三人便在桃園按年齡順序結為了兄弟。這便是《三國演義》裡「桃園三結義」的故事。

本回分解

一、三人的實際境遇是怎樣的

首先，劉備漢室宗親這個身分是真的，他缺錢也是真的。

皇族血統為什麼會窮？

劉備的祖先是漢景帝的兒子，也就是中山靖王劉勝。這人是出了名的孩子多，光是被史書記載的孩子就有一百二十多個。

勝為人樂酒好內，有子百二十餘人。

——《漢書·景十三王傳》

這批孩子再開枝散葉個十幾代，少說也能有上萬個後代了。這麼多的皇室宗親，管理起來太難了。所以，身為漢室宗親人群裡的萬分之一，劉備窮也是正常的。

而根據《三國志》記載，劉備混得還不錯，早在 15、6 歲的時候，就靠著不錯的名聲，吸引有錢人跑去他家直接送錢，讓他去招募自己的門客。

朕不酸，真的。

> 中山大商張世平、蘇雙等貲累千金，販馬周旋於涿郡，見
> 而異之，乃多與之金財。先主由是得用合徒眾。
>
> ——《三國志·蜀書·先主傳》

在劉備聲勢不斷壯大的過程中，關羽和張飛就入夥了。

> 先主於鄉里合徒眾，而羽與張飛為之禦侮。
>
> ——《三國志·蜀書·關張馬黃趙傳》

歷史上的關羽倒是和《三國演義》中一樣，都是在逃犯人。
《三國演義》：「吾姓關名羽……因本處勢豪倚勢凌人，被吾
殺了，逃難江湖。」《三國志》：「關羽字雲長，本字長生，
河東解人也。亡命奔涿郡。」

典籍裡對張飛的記載訊息量就更少了。

史書上既沒說他是殺豬的，也沒有他很有錢的證明。只有他和關羽一起加入劉備陣營這點有記錄。

> 原來是沒腦子有銀子，現在好了，兩個都沒了。

張飛字益德，涿郡人也，少與關羽俱事先主。

——《三國志·蜀書·關張馬黃趙傳》

二、三人的實際關係

既然張飛是富戶的身分得不到證實，關羽是個亡命之徒，他們兩個又都是被老闆劉備招募進來的，那入夥後，他們還有可能舉行非常有儀式感的「桃園三結義」嗎？

在《三國志‧蜀書六》的裴松之注中，記載了韓遂跟馬騰結為異姓兄弟的事。「時騰近出無備，遂破走……而與鎮西將軍韓遂結為異姓兄弟，始甚相親。」又有馬良與諸葛亮結拜的紀錄：「臣松之以為良蓋與亮結為兄弟，或相與有親。亮年長，良故呼亮為尊兄耳。」

既然沒有結義，那麼，劉、關、張三人究竟是什麼關係呢？其實一句話就能表現：

> 先主與二人寢則同床，恩若兄弟。
>
> ——《三國志·蜀書·關張馬黃趙傳》

雖說三人感情上像兄弟，但實際上，上下級關係還是分得很清楚的。

在關於張飛和關羽相處的記載中，因為關羽年紀稍長，張飛會把他當哥哥對待。

> 羽年長數歲，飛兄事之。
>
> ——《三國志·蜀書·關張馬黃趙傳》

但他們在對待劉備時，更像是忠心員工對待老闆，史料記載中沒有出現過兄弟這類稱呼。關羽在被曹操「挖牆腳」時，對劉備的稱呼是劉將軍，而不是劉兄，更不是哥哥。

> 吾極知曹公待我厚，然吾受劉將軍厚恩，誓以共死，不可
> 背之。
>
> ——《三國志・蜀書・關張馬黃趙傳》

　　在關羽被殺後，曹丕問大臣，劉備會不會來報仇時，大臣說：
「且關羽與備，義為君臣，恩猶父子。」古代講究君臣、父子
之恩，所以在魏國人眼中，劉備與關羽的關係也就是類似好哥
兒們的君臣關係。

你以為：結義兄弟　　實際上：恩猶父子

　　劉備在教育張飛的時候，用的也是「卿」。

> 卿刑殺既過差，又日鞭撾健兒，而令在左右，此取禍之道
> 也。
>
> ——《三國志・蜀書・關張馬黃趙傳》

告訴我，這不是真的。

三、「桃園三結義」的由來

　　也許早期典籍中沒有與「桃園三結義」相關的記載，那麼羅貫中又是從何處獲得的靈感，成就了這一段千古佳話呢？

　　最早出現相關故事記載的是在距離三國一千多年後的元朝話本《三國志平話》裡。寫書人為了加強三人「恩若兄弟」的情誼，寫出了歃血為盟、結為兄弟的場景。

> 飲間，三人各序年甲，德公最長，關公次之，飛最小……
> 不求同日生，只願同日死。三人同行同坐同眠，誓為兄弟。
> ──《三國志平話》

這本書裡記載的三人成為兄弟的理由，顯得有點簡陋。關羽和張飛覺得劉備這張臉長得有福氣，劉備也覺得他們兩個長得不一般。於是你敬一杯，我敬一杯，喝完，兄弟誓約也就達成了。

而在元朝的雜劇《劉關張桃園三結義》中，第一次出現了「桃園三結義」這個詞，劇情也豐富了不少。

他們三人不光靠顏值互相吸引，還加入了張飛賣豬肉、關羽抬動張飛的千斤巨石，以及劉備喝醉後有赤練蛇鑽進他七竅的情節，為三人互相欣賞，成功結義做了充分的鋪陳。

這些劇情在《三國演義》中，得到了一個大融合。

羅貫中保留了張飛賣豬肉的情節，減少了千斤巨石和赤練蛇的素材，增添了黃巾起義的前因，還強調了時代背景，讓故事看起來更加完整逼真，最終一舉成名，成了最廣為流傳的「桃園三結義」版本。

周瑜究竟是怎麼死的？

　　我們都知道，《三國演義》裡周瑜和諸葛亮的關係：周瑜嫉妒諸葛亮，屢屢設法害他，處處和他作對，次次被他拆穿，最後被他氣死。

那麼在真實的歷史上，周瑜真的比諸葛亮差很多嗎？他真的是被諸葛亮活活氣死的嗎？

一、周瑜需要嫉妒諸葛亮嗎？

讓我們先來解決一個核心問題：周瑜嫉妒諸葛亮，到底嫉妒的是什麼？

據不完全統計，能讓人嫉妒的東西，無非三樣：長相、家世、事業。

真不巧，歷史上的周瑜長髮飄飄，又帥又高，家世顯赫。他家光太尉就出了三人，老爸還是洛陽令。

> 瑜長壯有姿貌。
>
> ——《三國志·吳書·周瑜魯肅呂蒙傳》

樣貌和出身都是頂尖，這並不可怕。可怕的是，官宦世家出身，卻比普通人更努力。

周瑜文武雙全，尤其精通音樂，大腦裡裝著浩瀚的曲庫。據說他即使酒過三巡，彈奏曲子的人若出現小失誤，都會被他聽出來，然後盯著彈錯的那個人。

> 曲有誤，周郎顧。
>
> ——《三國志·吳書·周瑜魯肅呂蒙傳》

面對這樣一個優質偶像，好多少女為了讓他看自己一眼，甚至故意彈錯曲子。成語「周郎顧曲」，指的就是懷才不遇的人故意引人注意。

周郎，看看我吧！

在看重家世的古代，周瑜可以說是一出生就贏在了起跑點上。但對有戰略眼光的他來說，事業發展得好，那才是真的好。

而此時的諸葛亮比周瑜小 7 歲，家道中落，正跟著叔叔到處流亡，寄人籬下，前途未卜，實在沒有值得周瑜嫉妒的地方。

二、周瑜的眼界不比諸葛亮小

在《三國演義》裡，只要諸葛亮一登場，周瑜使的計謀就會瞬間失效。

小氣的周瑜總想用陰招刺殺諸葛亮，「無能狂怒」的人設深入人心。但在真實歷史上，周瑜不僅有才、做人大氣，還極具戰略眼光，能一眼看破事物的本質。

首先，周瑜慧眼識珠。

周瑜雄厚的家底和才華，本來就讓統治者們爭破了腦袋。再加上他 23 歲就幫從小一起長大的孫策打仗，並且一戰成名，不乏很多想把他招到自己麾下的人。

周瑜一眼就看出，袁術有兵卻無能，曹操有能卻是個漢賊，於是堅定地選擇了當時實力看上去最弱的孫策。

　　袁術不死心，偏要賞周瑜官職，周瑜只好選擇去袁術底下的居巢當地方官。不為別的，就是看上了居巢有江，方便隨時坐船走人。

　　果不其然，孫策一有難，周瑜就帶著剛慧眼識到的「政治奇才」魯肅前去相助。

有了周瑜的軍事謀略和魯肅的政治才能，孫策靠幾千兵馬，僅花了幾年時間，就平定了江東六郡，建了幾萬人的軍隊，為東吳立國打穩了地基。

此時的周瑜年僅 24 歲，已經當上了建威中郎將，在江東名聲大噪，前途一片光明，而此時的諸葛亮剛剛開始隆中「家裡蹲」。

其次，周瑜慧眼識大局，堅定地輔助孫權。

孫策被刺殺身亡，臨終將大權交給弟弟孫權，拜託周瑜輔佐。孫權年輕無業績，沒人相信他能接住孫策的江山，此時的江東也亂成一團。

周瑜憑著自己的才能，若想此時跳槽，有大把人爭搶著要，但他力挺孫權，堅持要完成孫策的囑託。

周瑜對時局摸得很透：外部對江東集團這塊大肥肉虎視眈眈，想趁機搗亂；內部不服孫權年輕上位，想伺機奪權。

他一眼就看到了主要問題，於是高調地以君臣之禮恭敬地對待孫權，向全世界通告他站在哪邊。

這招一箭雙雕，既解除內部對孫權的不服，也震懾了外頭的各路老闆，讓他們不要亂來。江東暗流洶湧的權力交接順利平穩地完成了。

　　雖然周瑜看似老謀深算，但他其實非常大氣。

　　平穩江東政權後，他再次名聲大噪，越來越多的人對他心服口服，唯獨大將軍程普不服氣。

　　身為東吳元老之一，程普要資歷有資歷，要戰功有戰功，關鍵是年紀比周瑜大很多。他不服周瑜這個黃毛小子當他上司，便處處為難他，到處說他壞話。

　　周瑜知道程普有才，不但不在意他的詆毀，還一如既往地尊重他，將精力全放在帶兵打仗上。

笑一下就「蒜」了。

日久見人心，程普看到周瑜把軍隊管理得井井有條，年紀輕輕卻豁達穩重，從此心服口服，主動與周瑜和好，見人就誇周瑜，說與他相處就跟喝了蜜酒一樣舒服。

> 普後自敬服而親重之，乃告人曰：「與周公瑾交，若飲醇醪，不覺自醉。」
> ——《三國志·吳書·周瑜魯肅呂蒙傳》裴松之注

三、周瑜的謀略不比諸葛亮差

赤壁之戰可以說是《三國演義》中最著名的戰役，也是周瑜被誣陷得最慘的一次。在《三國演義》裡，諸葛亮運籌帷幄，周瑜謀略差勁。

在真實的歷史上，赤壁之戰是周瑜和黃蓋一手策劃並且打贏的。諸葛亮唯一參與的，只不過是勸劉備跟孫權結盟。

> 瑜部將黃蓋曰：「今寇眾我寡，難與持久。然觀操軍船艦，首尾相接，可燒而走也。」
>
> ——《三國志·吳書·周瑜魯肅呂蒙傳》

赤壁之戰開打前，曹操打敗了袁紹，準備攻取荊州，拿下南方。為了不讓荊州劉表和孫權聯盟，曹操打著皇帝的旗子，讓孫權把孩子送去當人質。

孫權不送就是違抗天子。所有老臣都勸他送，只有周瑜堅持不送。他認為送了就是斷送江東前途，任由曹操魚肉，江東有錢有兵，能和曹操一搏。這才為東吳保留了後來「三分天下」的機會。

被拒絕的曹操帶著 80 萬人殺到了孫權家門口，江東老臣都覺得打不過，主張投降，只有周瑜堅持迎戰。他僅用四條理由，就讓孫權砍掉桌子，表決心跟曹操硬碰硬。

1. 曹軍北方人，來南方水土不服。
2. 北方人不諳水性，而游泳正是吳軍強項。
3. 曹軍沒有 80 萬，最多 50 萬，很多人還是俘虜，軍心不穩。
4. 北方很多大佬準備偷襲曹操大本營，曹操怕後院起火，不敢在赤壁之戰拼死一搏。

果然，因不識水性，曹操竟讓船隻首尾相連。周瑜和黃蓋抓住這個痛點，用詐降和火攻打了曹操一個措手不及。

> 瑜等在南岸。……乃取蒙沖鬥艦數十艘，實以薪草，膏油灌其中，……蓋放諸船，同時發火。時風盛猛，悉延燒岸上營落。
>
> ——《三國志·吳書·周瑜魯肅呂蒙傳》

最後曹操敗走華容道，周瑜以少勝多，拿下赤壁之戰。

那周瑜火攻到底要不要借東風？

周瑜火攻靠地理，可以不靠天氣

吳軍從大江東南岸發動火船，正好趁著江水北流，直衝紮營在北岸的曹軍，可以不要東風！

四、周瑜真是被諸葛亮氣死的嗎？

在三國的相關戲劇裡，周瑜拿不回荊州，被諸葛亮氣得病死。而在歷史上，周瑜也的確是病死的，但是不是跟諸葛亮有關卻不得而知。

周瑜始終讓孫權提防劉備，防止他三分天下，所以周瑜死前，孫權都沒有把荊州借給劉備。

瑜上疏曰：「劉備以梟雄之姿，而有關羽、張飛熊虎之將，必非久屈為人用者。愚謂大計宜徙備置吳，盛為築宮室，多其美女玩好，以娛其耳目，分此二人，各置一方，使如瑜者得挾與攻戰，大事可定也。……」

—— 《三國志·吳書·周瑜魯肅呂蒙傳》

依據《三國志》的記載，赤壁之戰後，周瑜乘勝追擊，帶兵跟曹軍搶奪南郡。沒想到激戰中被流箭射中右肋骨，傷勢太重，當場昏厥，吳軍只能退兵。

> 瑜親跨馬擽陳，會流矢中右脅，瘡甚，便還。
> ——《三國志·吳書·周瑜魯肅呂蒙傳》

曹軍想趁亂拿下吳軍，但周瑜不想讓曹軍占便宜，硬是帶傷出戰鼓勵士氣。曹軍以為有詐，果斷退兵。

> 後仁聞瑜臥未起，勒兵就陳。瑜乃自興，案行軍營，激揚吏士，仁由是遂退。
> ——《三國志·吳書·周瑜魯肅呂蒙傳》

周瑜帶著傷，跟對方僵持了一年多，最後曹軍損失慘重，吳軍順利拿下南郡，周瑜也為此落下了病根。

孫權勸他養好身體再打，但周瑜不聽勸，怕錯失好時機，堅持出兵益州。在出征路上，周瑜箭傷復發，病死在風華正茂的36 歲。

我心願未了，真不想在此停下啊……

這樣看來，周瑜也許是病死在工作途中，而不是被諸葛亮氣死的。

其實，陳壽在寫完《三國志》之後，特地又寫了一篇《周瑜志》。

周瑜這一生，有情有義，對朋友孫策，忠義一生；在事業上能力超群，憑藉赤壁之戰擊敗曹操，奠定三分格局；在愛情上，也抱得小喬美人歸。最重要的是，他從未老去。

周瑜掀起的三國浪潮在赤壁長存，也讓無數後人熱淚盈眶。就連蘇軾都對他心嚮往之，寫下了聞名遐邇的《赤壁賦》。

遙想公瑾當年　小喬初嫁了
雄姿英發　羽扇綸巾
談笑間　檣櫓灰飛煙滅

故國神遊
多情應笑我
早生華髮

人生如夢
一樽還酹江月

10

諸葛亮真的用「空城計」嚇退司馬懿嗎？

「空城計」是三國時期最著名的故事之一，我們先來回顧一下。

話說司馬懿帶兵 15 萬準備攻城，卻看到諸葛亮在城樓上淡定地彈琴。他疑心病大作，以為諸葛亮已經提前做好了埋伏，所以直接退兵回家了，但此時諸葛亮根本沒幾個兵。

從小說創作的角度，這樣的人物塑造，無疑是成功的。但是，如果真的在戰場上，司馬懿只憑著「亮平生謹慎，不曾冒險」就連個偵察兵都不派，直接退兵，怎麼看這都有些過於理想化。

　　那麼，諸葛亮真的用過「空城計」嗎？「空城計」在戰場上真的可行嗎？本書就和大家來探討「空城計」究竟是不是真人真事。

　　要說《三國演義》中為什麼會有「空城計」，還得從「街亭之戰」說起。街亭處在蜀國和魏國的邊界，作為軍事戰略要點，自然是兩方必爭之地。

　　西元 228 年，諸葛亮初次北伐，就在街亭打了一架。不同的是，在《三國演義》裡，街亭之戰的主角是這些人。

據《三國志》記載，真實歷史上的西元 228 年，司馬懿正在上庸忙著跟孟達作戰呢，根本沒空參與爭奪街亭。書中說，和諸葛亮對戰的，是魏國的曹真。

> 遣大將軍曹真都督關右，並進兵。右將軍張郃擊亮於街亭，大破之。
>
> ——《三國志·魏書·明帝紀》

可惜的是，魏國主角換了人，蜀國卻是原班人馬。依據《資治通鑑》的記載，馬謖和《三國演義》中描寫的一樣，在整場戰役中的表現根本不及格，被魏國的張郃輕鬆拿下。

可惡，沒能出場。

笑死，還是馬謖。

謖違亮節度，舉措煩擾，舍水上山，不下據城。張郃絕其汲道，擊，大破之，士卒離散。

——《資治通鑑‧魏紀‧魏紀三》

同樣出自《資治通鑑》，街亭丟了之後，諸葛亮也不再繼續掙扎了，直接拖家帶口回去漢中，「空城計」也就唱不起來了。

> 亮進無所據，乃拔西縣千餘家還漢中。
>
> ——《資治通鑒·魏紀·魏紀三》

透過羅貫中描寫的「空城計」，我們可以發現，「空城計」的要素主要有以下三點。

按這三個要素來說，三國的歷史上其實有好幾個人用過「空城計」，這裡挑主角知名度比較高的三位說給大家聽。

一、猛虎男主角──孫堅

　　孫堅是在三國歷史上第一批上演「空城計」的老戲骨，他參演的這場戲叫作「魯陽之戰」。

　　當時董卓把京城搞的雞飛狗跳，各地諸侯準備組隊討伐他，孫堅就是其中之一。他在魯陽等待開戰，屬下準備去催袁術運糧草。

　　孫堅心想這趟差事挺辛苦的，就在魯陽城外帶了一小隊人，想要給屬下來場踐行會。結果，會還沒開始，敵人先到了。

> 施帳幔於城東門外，祖道送稱，官屬並會。卓遣步騎數萬
> 人逆堅，輕騎數十先到。
>
> ——《三國志·吳書·孫破虜討逆傳》

不得不說，董卓在派人的時機上，占足了機會。可惜，孫堅的演技更勝一籌：你來你的，我吃我的。他非常淡定地繼續舉行部下踐行宴。

> 堅方行酒談笑，敕部曲整頓行陳，無得妄動。
>
> ——《三國志·吳書·孫破虜討逆傳》

等敵人來得越來越多，孫堅才站了起來。

然後他帶著踐行會的一隊人整整齊齊地往城裡走。

堅徐罷坐，導引入城，⋯⋯卓兵見堅士眾甚整，不敢攻城，乃引還。

——《三國志·吳書·孫破虜討逆傳》

早在討伐董卓之前，孫堅就是出了名的打架不要命。哪怕受重傷，休息個十幾天，他又跑去前線了。他甚至還帶傷打了許多勝仗。

堅乘勝深入，於西華失利。堅被創墮馬，臥草中。⋯⋯堅還營十數日，創少愈，乃復出戰。

——《三國志·吳書·孫破虜討逆傳》裴松之注

他讓人一聽名字就直接退兵的事蹟，早已經傳遍大江南北。

於是，三國時期的首場「空城計」大戲成功上演，孫堅拿下一號男主角。

二、心機男主角 ── 曹操

曹操在兗州當刺史的時候，隔壁徐州的呂布經常來挑釁，兩個人打來打去，最後打得飯都不夠吃。

西元 195 年的秋天，為了防止還沒開打就先被餓死，曹操派了一大批軍隊出去割麥子，當時營裡就剩 1 千多人。然後，呂布帶著 1 萬多人來找麻煩，這下，敵我兵力差有了。

不是，你不用吃飯的啊，有完沒完啊？

> 於是兵皆出取麥，在者不能千人，屯營不固。
> ——《三國志·魏書·武帝紀》裴松之注

　　曹操倒也不急，直接讓婦人們去把守大營，士兵群演們也表現出一副無所謂的樣子，配合曹操的演出。曹操不急，呂布肯定急了。

這不對，我聞到了，是陰謀的味道。

> 太祖乃令婦人守陣，悉兵拒之。
>
> ——《三國志‧魏書‧武帝紀》裴松之注

於是呂布內心戲開演，回想跟曹操的交手：這人詭計多端是必然的。他再次端詳了周遭環境：曹營西邊有條河堤，南邊有座大森林。

懂了，這下完全懂了。曹操這麼悠閒，八成是設好了埋伏，等自己中計。於是呂布立馬退兵，讓曹操順利當上「空城計」大戲的第二版男主角。

搞笑的是，呂布第二天調整好心態又來攻擊，結果這次曹操
真設了埋伏。呂布直接白送人頭，被曹操追到家門口。

三、無敵男主角——趙雲

　　西元 218 年，曹操帶著 40 萬大軍，準備和劉備來場決戰，也就是歷史上的「漢中之戰」。但等了半天，曹操也沒主動發起攻擊。

　　諸葛亮就猜，八成是曹操的軍糧還沒全部到齊。現在張部（沒錯就是前面大敗馬謖的人）正在北山那裡，整理已經到貨的糧食，只要派人把那批糧燒了，這仗根本就不用打了。

　　劉備想著：有道理啊！於是派趙雲和黃忠一起去完成這項任務。

　　黃忠激動地表示要去打頭陣，趙雲就負責起了接應的工作。第二天黃忠率先出發，結果到了中午還沒回來。趙雲便帶著十來個人出營去探查情況。

遇到敵方主力怎麼辦！

> 黃忠以為可取，雲兵隨忠取米。忠過期不還，雲將數十騎
> 輕行出圍，迎視忠等。
>
> ——《三國志·蜀書·關張馬黃趙傳》裴松之注

然而，出營不久，趙雲就碰上了帶著一大批人的曹操。

原來黃忠在北山跟張部打了起來，曹操得知後迅速帶兵去支援，結果好巧不巧，和趙雲碰上了。

好在趙雲碰上的是曹軍的先鋒部隊，最終突破重圍回到了營寨中。回去後趙雲並沒有閉門不出，而是叫士兵們埋伏在山溝裡，把大門打開，自己一個人在門口遛馬。

1. 敵我雙方兵力懸殊。
2. 我方大將的抗壓能力極強。☑
3. 我方大將擁有某種深入人心的形象，足夠敵方幻想。

這劇情我熟啊，小說裡的諸葛亮同款啊！

> 而雲入營，更大開門，偃旗息鼓。
> ——《三國志·蜀書·關張馬黃趙傳》裴松之注

曹操大軍趕到時，看到的就是這個場景。身為「心機王者」的曹操也不自覺開始幻想趙雲設埋伏的畫面，於是決定撤退。

曹操剛改變隊形準備撤退，趙雲埋伏的士兵就衝了出來，嚇了曹軍一大跳，爭相逃命，陣勢全亂。趙雲成功地扭轉了戰局。

> 公軍疑雲有伏兵，引去。雲雷鼓震天，惟以戎弩於後射公
> 軍，公軍驚駭，自相踩踐，墮漢水中死者甚多。
>
> ——《三國志·蜀書·關張馬黃趙傳》裴松之注

看到這裡，你應該明白諸葛亮用沒用過「空城計」雖然沒記
載，但在歷史上的三國時期，確實有人用過「空城計」，而且
還不止一個。

11 低調的賈詡才是三國第一謀士？

在三國時期，各路豪傑紛至沓來，劃地稱王。對於期望投靠明主的人來說，每個人都有自己的職業規劃，對事業發展有不同的理解。

有的人充當智囊，為主上出謀劃策，最後成功雄霸一方，自己也成了開國元勳。

境界要高，才能讓主上聽話。

諸葛亮

有的人，跟主上結成親家，再加上自己的實力，最後成功封侯拜相。

還有一個人，學歷和履歷都不算出色，在明星輩出的三國時期，知名度也許不算太高，年輕的時候更是默默無聞，且頻繁更換陣營。

> 賈詡字文和，武威姑臧人也。少時人莫知，唯漢陽閻忠異
> 之，謂詡有良、平之奇。
>
> ——《三國志‧魏書‧荀彧荀攸賈詡傳》

　　然而，他卻靠著自己的努力不懈，最終成了一國權貴，在風
雲變幻的三國亂局中，幾乎算無遺策。

> 荀攸、賈詡，庶乎算無遺策，經打權貴，其良、平之亞乎！
>
> ——《三國志‧魏書‧荀彧荀攸賈詡傳》

一、形勢不對就變換策略

　　賈詡其人有謀，話少，行事低調。在一次返鄉途中，他遭遇了一夥氐（ㄉㄧ）人強盜，不但被他們洗劫一空，還被綁回了對方的部落大本營。

　　求生意志讓賈詡第一次展示了自己的聰明才智。

　　要知道，賈詡嘴裡說的這個老段真名叫段熲（ㄐㄩㄥˇ），是當地帶兵打仗的厲害角色。這些土匪就這樣被嚇傻，把賈詡放了。

　　賈詡回到城裡後，立馬向官府提供了土匪的情報，最後協助官府消滅掉他們。

錢是不可能給的，這輩子都休想！

> 察孝廉為郎，疾病去官，……詡實非段甥，權以濟事，鹹此類也。
>
> ——《三國志·魏書·荀彧荀攸賈詡傳》

不久後，賈詡選擇跟隨董卓，開始了自己的謀士生涯。但是，由於董卓不善經營，勢力很快瓦解，權勢被王允、呂布等人占據。

當董卓的親信計畫逃跑時，賈詡直接找到了權貴李傕（ㄐㄩㄝˊ）和郭汜（ㄙˋ），跟他們分析了當前的形勢——

跑是跑不了了，反正死路一條。富貴險中求，不如殺回去，成功了榮華富貴享受不盡，失敗了繼續逃跑就是了！

總之一句話，聽我的，你們就有光明的未來。

　　李傕和郭汜覺得很有道理，反正大不了讓賈詡來承擔後果。於是他們轉身殺了回去，果然成功奪回了長安。

　　但危機還沒解除，這兩人就為了搶奪權力而鉤心鬥角。於是，賈詡有了離開的想法，偷偷謀劃了起來——

「公司」遲早倒閉，「勞保」可不能斷，快找下家。

　　董卓之入洛陽，詡以太尉掾為平津都尉，遷討虜校尉。……
　　天子既出，詡上還印綬。

　　　　　　　　　　——《三國志・魏書・荀彧荀攸賈詡傳》

靠著自己以前的人脈，賈詡很快便投靠了老鄉段煨（ㄨㄟ），成為他的謀士。

誰知道段煨這人眼界很小，他忌憚賈詡能力太強，會影響自己在組織裡的威望。這也讓賈詡再次萌生「跳槽」之心。

我不跑，難道等他來殺我嗎？沒有事業心的人跟鹹魚有什麼分別？

而賈詡的另一個老鄉張繡，因為沒有得力謀臣，果斷接納了賈詡。一加入新組織，賈詡就先建議張繡跟劉表合作。

開什麼玩笑？我叔叔是被劉表的人殺的。

> 但是劉表已經對你叔叔之死表達過歉意了。他現在想招攬我們替他守住北方，我們現在也缺糧，不如就一起合作了。

> 說的是，聽你的。

詡說繡與劉表連和。

——《三國志·魏書·荀彧荀攸賈詡傳》

二、分清誰才是真正的對手

這個時期，曹操開始了統一中原的計畫，想要併吞張繡。在張繡與曹操的數次交手中，賈詡顯現出了「鬼才」般的謀略。

第一回合，曹操親自出征對戰張繡、劉表聯軍。一開始，張繡是投降曹操的。

劉表畢竟殺了我叔叔，而且曹操
現在「挾天子以令諸侯」，我投
降他也許可以得到什麼好處。

本來，曹操可以不用打，但這事卻被曹操自己擾亂了。

張繡於是率兵擊退曹操，重新跟劉表合作。在這個過程中，
曹操失去了長子、侄子和得力愛將典韋，可謂損失慘重。

曹昂、曹安明、
典韋

雖然《三國志》裡對這段的描述很短，
但另一本史書《傅子》卻提到張繡能
反殺曹操，是因為用了賈詡的計謀。

> 太祖納濟妻，繡恨之。太祖聞其不悅，密有殺繡之計。
> 計漏，繡掩襲太祖。太祖軍敗，二子沒。
>
> ——《三國志·魏書·二公孫陶四張》

　　第二回合，曹操兩次攻打張繡。因為袁紹不講「武德」，背後偷襲，曹操只能急忙撤退。張繡想要乘勢追擊，賈詡極力勸阻。但張繡一意孤行，最後被曹操打得潰不成軍。

　　就在張繡兵敗而返後，賈詡卻勸張繡再次追擊。這次張繡採納了他的計策，最終大獲全勝。

承認吧，你是不是提前偷拿了三國的劇本？

當曹操第一次撤退時，為了防止被追擊，肯定親自斷後。但之後他趕著回去，留下斷後的是其他將領，這時你就能打敗他了。

> 張繡在南陽，詡陰結繡，繡遣人迎詡。……繡乃服。
> ——《三國志·魏書·荀彧荀攸賈詡傳》

曹操與張繡的第三次交手，發生在眾所皆知的官渡之戰時期。這是曹操一生中最重要的戰役之一。在曹操跟袁紹對戰前，袁紹想拉攏張繡。但賈詡卻讓張繡拒絕了袁紹，轉而投靠曹操。張繡一度非常納悶。

先不說「袁強曹弱」的實力差距，我們還曾害死了曹操的兒子，這樣的深仇大恨，他能放下嗎？

賈詡淡定地為張繡講解自己的分析：首先，曹操挾天子以令諸侯，他名正言順；其次袁紹集團內部不和，兄弟之間互相殘殺，對一個外來勢力不會有多少信任，但是曹操處於弱勢，所以他更渴望盟友；最後，對於您擔心的殺子心結，曹操定然表面不會在意。因為他需要擺出賢良的姿態吸引人才，以壯大自己的勢力。

事情果然跟賈詡設想的一樣。曹操對張繡的加盟表示歡迎，並且沒有採取任何報復行為。賈詡就這樣成了曹操的謀士。

放心我這裡的待遇還是很好的。

是後，太祖拒袁紹於官渡，紹遣人招繡，並與詡書結援。……太祖見之，喜，執詡手曰：「使我信重於天下者，子也。」

—— 《三國志·魏書·荀彧荀攸賈詡傳》

三、合拍的老闆最重要

好不容易能夠遇上如此有勇有謀的主上，且極具潛力，賈詡當然不能讓曹操陣營落敗。

他不像徐庶那樣一言不發，而是為曹操陣營的擴張積極獻策。

在官渡之戰時，賈詡力主與袁紹決戰，最後成功幫助曹操統一北方。而在赤壁之戰前，賈詡也曾勸曹操先發展經濟，不要貿然出征孫權。

事實證明，他的想法是正確的，可惜曹操沒有聽進去。

哪來的一股烤肉味？

在擔任曹操謀士的日子裡，賈詡大多數時間留守許昌，更像是關鍵時刻的救火隊長。

當西涼韓遂與馬超來犯，打得曹操割鬚棄袍時，賈詡獻上了一個離間計，讓曹操在給韓遂的書信上塗抹幾筆，加深了馬超對韓遂的猜忌，最後成功瓦解了西涼軍的威脅。

論陰險，我可是專業的。

在曹操的晚年時期，集團繼承人之爭日益激烈。曹操也曾去問過賈詡的意見。賈詡很精明，沒有直接表態，而是意味深長地跟曹操說「我正在想死去的袁紹跟劉表」。

這是啥意思？

袁紹跟劉表就是因為廢長立幼導致內部不穩，這是讓曹操選長子曹丕呢！

縱觀賈詡的一生，他輾轉於多個勢力陣營，換了許多主上卻都很講究職業操守，為每一任君主盡心盡責，最後成功進入最大的曹操陣營，並幫助曹操在亂世中成就雄圖霸業。

而賈詡硬是在人均壽命不超過 30 的三國，活到了 76 歲，得以善終。

12

赤壁之戰不只有「火攻」？

在歷史書上，我們總會看到這樣的描寫：兩方開戰，某一方的將軍運籌帷幄，輕輕鬆鬆把對方打得落花流水。

拿三國中的赤壁之戰舉例，它的過程大致就是這樣的：曹操統一北方後，很快就帶大軍南下，劉備和孫權組成聯軍，與曹操隔江相對。

其實真正被燒的地方是赤壁的對岸烏林，不過赤壁的名氣比較大，所以大家都說火燒赤壁了。

曹操的軍隊由於容易暈船，於是用鐵索把大船全部連了起來。孫劉聯軍主帥周瑜就趁勢轉用火攻，燒掉曹操的船隻，打敗了當時號稱無敵的曹操。

曹操雖然成功逃走，但也從此留下心理陰影，老老實實地在北方待著，再也不想來南方了。

　看著這些描述，大家很可能會覺得，劉備和孫權贏得很輕鬆。其實，打贏一場戰爭是很難的。

一、戰前試探，需要優秀的思考能力

　一場戰鬥不是說打就打的，就像普通人打架之前，常常要先放出「你有種再說一遍」之類的話。其主要目的只有一個：嚇唬對方。

而在戰爭打響之前，曹操也同樣希望能先嚇唬對方，所以在下戰書的時候，一般都會虛張聲勢。

孫劉聯軍加起來也不過 5 萬，一聽曹操有 7、80 萬人，這是要一個打十幾個啊，實力太過懸殊，還不如投降。

還好周瑜沒有被唬住。他在觀察後仔細思考，推斷曹操的軍隊實際只有 20 萬左右。而且曹軍從北方大老遠跑來，早就筋疲力盡，戰鬥力還要再減一減。

二、拉長戰線，需要良好的後勤補給續航

　　如果你認為打仗只是一群人打架而已，那就大錯特錯了。準確來說，打仗是一群人在長時間地打架。

　　而人是要吃飯的，糧草一旦供應不上，再強的軍隊也會餓得毫無戰鬥力。所以絕大多數時候，後勤補給的能力比任何戰術都更重要。

但後人卻往往忽略了它的重要性。

　　周瑜自然也明白這個道理，他看到曹操的軍中瘟疫流行，士氣低落，便決定暫時不開戰，等後勤補給充足，再與曹操隔江對決。

　　這種龜縮戰術，實在是非常有效，狠狠地讓曹操吃了一個悶虧。

三、攻其不備，需要廣闊的視野

　　戰場上最重要的是資訊，就像孫子所說的「知彼知己，百戰不殆」。只有獲取資訊量最多的人，才能獲勝。

　　儘管周瑜在大戰之前，已經狠狠削減了曹操這邊的士氣，但是由於曹操的人馬實在太多，光耗著也贏不了，想要獲勝，還需要進一步觀察曹操的弱點才行。

　　憑藉良好的視野條件，周瑜發現曹操軍隊因為怕水，用鐵索將船隻首尾相連。

於是周瑜當機立斷，決定採取火攻。他先是安排黃蓋假裝投降，讓著火的小船衝進曹操的船隊裡，自己再帶著大部隊放火，將對面的船隻和岸上的軍營一起，燒了個精光。

四、戰後追擊，必須快人一步

火燒赤壁之後，這場戰爭還沒結束。曹操這邊傷亡雖不小，但未傷及主力，所以他打算從華容道撤退，重振聲勢。

但周瑜這邊行動更快。他提前安排孫權從水路上追擊，同時讓劉備從陸路上追擊。

可憐的曹操一路被攆著跑，加上惡劣的天氣，大軍傷亡過半。

不過周瑜他們確實沒想到曹操能跑這麼快，最後居然還是逃走了。

　　為了加快逃跑速度，曹操果斷扔掉物資，拋棄虛弱的士兵，拚了老命才勉強逃過追擊。

　　直到這裡，劉備和孫權才算真正打敗了曹操，讓其退回北方，為日後三國鼎立的格局奠定了基礎。

　　所以現在你們應該明白，一場勝利，既需要各種條件的支援，又需要將領的果斷反應，更需要一定的運氣。

　　由此可見，在古代，想打贏一場戰爭，真的超級困難。

13

古代打仗還要講究禮儀？

作為一個禮儀之邦，自古以來就很講規矩，做什麼事都不能胡來。哪怕是打仗，也不是簡簡單單直接動手，必須先經過一套儀式。

在春秋時期打個仗，不能說麻煩，只能說太麻煩了。

一、想上戰場，不是貴族免談

　　想要打仗，得要有兵才行。然而春秋時期的徵兵，可不像「抓壯丁」那樣，是人就收編，還得審查應徵的人夠不夠資格。

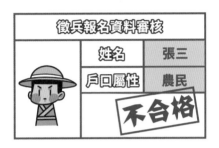

在這套審核規則裡，「士」是及格線。只有士族及以上的人才能參戰，平民和奴隸基本上沒有資格。「戰士」這個詞就是這麼來的。

至於平民和奴隸，雖然沒資格上陣打仗，但可以幫著餵餵馬、做做飯、搬個東西……充當後勤打雜的角色。

二、君子先動口，後動手

夠了！都要被你們兩個的口水淹沒了。

在正式戰鬥之前，雙方會秉承「能動口就先不動手」的原則，先來一場口水仗。

口水戰也是要守規矩。

齊國子尾設計陷害閻兵嬰，無緣無故便讓他率領齊軍入侵魯國，魯國使者就質問齊國人：

齊國人當場被問得啞口無言，自覺理虧，只能選擇退兵。一場正義凜然的質問便使國家免於戰火。

齊子尾害閭丘嬰，欲殺之，使帥師以伐陽州。我問師故。
夏五月，子尾殺閭丘嬰以說于我師。

——《左傳‧襄公三十一年》

例如，韓原大戰前，秦晉兩國也展開了一次「口水戰」，結果誰也不願讓步，兩邊只好選擇動手開打。

遂使（韓簡）請戰，曰：「寡人不佞，能合其眾而不能離也，君若不還，無所逃命。」秦伯使公孫枝對曰：「君之未入，寡人懼之，入而未定列，猶吾憂也。苟列定矣，敢不承命。」

——《左傳·僖公十五年》

這種陣前先派使者運用外交辭令，進行一場「正義站在哪邊」的辯論，就是春秋時期的「請戰」之禮。

三、沒有什麼事是一頓飯解決不了的，如果有，那就安排兩頓

能靠吃飯解決的問題，就沒必要舞刀弄槍。

> 打仗好像跟吃飯不衝突吧？
> 畢竟民以食為天。

　　犒師，簡單來說就是請客送禮，是春秋時期重要的戰爭禮節之一。而慰勞敵人這種看似很滑稽的行為，在當時來說卻是再正常不過的事了。

> 這是怕對方等一下打自己的時候沒力氣嗎？

例如，齊侯伐魯時，魯國人準備好酒好菜慰勞齊軍，魯國政治家展喜和齊軍把酒言歡，順帶還把敵軍直接勸退了。

所以這仗要不要打，取決於吃飯的時候談得怎麼樣。

夏，齊孝公伐我北鄙。公使展喜犒師，使受命於展禽。齊侯未入竟，展喜從之。……齊侯乃還。

—— 《左傳・僖公二十六年》

又例如，秦晉殽之戰的前夕，秦國準備先打鄭國。商人弦高冒充鄭國使者慰勞秦軍，還送了牛作為「犒師禮」，把秦國人耍得團團轉。

（秦師）及滑，鄭商人弦高將市於周，遇之，以乘韋先，牛十二犒師。

—— 《左傳・僖公三十三年》

戰前可以犒師，打仗打到中間的時候，犒師也一樣可以進行。

例如，晉楚鄢陵之戰，晉將欒鍼（ㄓㄣ）大老遠看到了楚將子重，就按照戰場禮節派人給子重送酒，簡單地慰勞了這位老對手。

（欒鍼）使行人執榼承飲，造於子重，曰：「寡君乏使，使鍼禦持矛。是以不得犒從者，使某攝飲。」子重曰：「夫子嘗與吾言於楚，必是故也，不亦識乎！」受而飲之。

——《左傳·成公十六年》

四、年輕人要講武德

春秋時期，打仗其實很講究武德，都是正面交鋒，不屑於動用偷襲之類的計謀。

西元前 638 年，宋國和楚國交手，本來是一場毫無懸念的對戰，畢竟宋國早已準備妥當。

> 宋人既成列，楚人未既濟。司馬曰：「彼眾我寡，及其未
> 既濟也，請擊之。」公曰：「不可。」既濟而未成列，又
> 以告。公曰：「未可。」
>
> ——《左傳·僖公二十二年》

　　然而，這場宋軍本該十拿九穩的戰鬥，就因為宋襄公堅守打仗的道德，最終卻輸了。

> 國人皆咎公。公曰：「君子不重傷，不禽二毛。古之為
> 軍也，不以阻隘也。寡人雖亡國之餘，不鼓不成列。」
>
> ——《左傳·僖公二十二年》

　　秉承著「貴族不玩偷襲」的理念，宋軍還真的等到楚軍準備好了再動手，結果被打得毫無還手之力。

　　除了不能玩偷襲，春秋時期的戰場上還有「不乘人之危」的打仗原則。

《司馬法》就講：「不加喪，不因凶，所以愛夫其民也。」意思就是，不趁敵軍國喪時攻打他們，也不在敵國災荒時進攻，要愛護各國民眾。

例如，晉國準備攻打齊國，恰逢齊靈公去世，晉軍立馬停戰，掉頭回國了。

春秋地圖持續為您導航，前方有白事，請迴轉，已為您重新規劃路線。

> 晉士匄侵齊，及谷，聞喪而還，禮也。
>
> ——《左傳·襄公十九年》

不光別國有喪事不能打，如果對方死的是很重要的人，那身為對手還得有所表示。

例如，魯國和吳國合作伐齊，卻沒料到齊悼公先被手下誅殺。敵方的首領突然去世，吳王可就坐不住了。

我哭了，先哭個三天三夜。

我裝的，只不過按照禮節辦事罷了。

公會吳子、邾子、郯子伐齊南鄙，師於鄎。齊人弒悼公，赴於師。吳子三日哭於軍門之外。

——《左傳·哀公十年》

五、君就是君，臣就是臣，要有「躬匠」意識

　　春秋時期很講究尊卑有序，君就是君，臣就是臣，不分內外。做臣子的，就算是見了別國國君，該行的禮一樣也不能少。

　　例如，在齊晉鞍之戰中，晉將韓厥（ㄐㄩㄝˊ）追上了冒牌的「齊頃公」醜父，韓厥給「齊君」鞠躬、敬酒、獻玉，君臣之間的禮節相當到位。

冒充「齊頃公」的醜父。

> 韓厥執縶馬前，再拜稽首，奉觴加璧以進。
>
> ——《左傳·成公二年》

再如晉楚鄢陵之戰，晉軍將領郤（ㄒㄧˋ）至三次偶遇楚王，本是「擒王」的好時機，但郤至每次都是畢恭畢敬，不動楚王一根毫毛，很有君子風範。

> 郤至三遇楚子之卒，見楚子，必下，免冑而趨風。
>
> ——《左傳·成公十六年》

　　除了以上說到的這些，春秋戰場還有不少讓人匪夷所思的禮節規定。

例如，打仗以車戰為主，車壞了就相當於敗了；還有打仗的時間、地點、方式等，都要雙方商量來的……

這些禮節規定，放到現代戰爭中，確實挺滑稽的，但在當時的「禮治」社會，卻是再正常不過了。

後來周王室衰敗，諸侯並起爭霸，逐漸把這些周朝訂下的「老規矩」丟到一邊。規矩沒人守了，仗想怎麼打，就怎麼打。

戰場上開始「禮崩樂壞」，戰爭慢慢變得暴力，戰鬥雙方也越來越詭詐，最終還引起了孔子的強烈不滿——

14 古代攻城和守城都有哪些創意點子？

我們經常在電視劇裡看到這樣的畫面，古代的攻城士兵，抬個木槌就能撞破城門，或者搭個梯子就能爬上城牆。這不免讓人有些疑惑：

在古代，攻破一座城池真的有那麼簡單？

讓我們一起來聊一聊古代的城池爭奪戰中，發生了哪些事情。

第一回合：城池周邊的爭奪與防禦

　　想要奪取一座城，首先你要能接近它。

　　一般城牆都是加高加厚的，守城方通常還會在城池周邊設置障礙來給對手增加困難度。例如，扎腳的蒺藜（ㄐㄧˊㄌㄧˊ）、鹿角木、陷馬坑、拒馬槍之類，都能讓對手寸步難行。

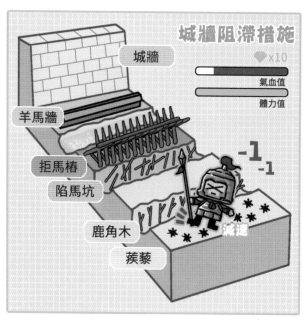

等攻城方派人冒險清理完這些障礙物，你以為就能夠兵臨城下了嗎？

不，在他們的面前，通常還有一條寬大的護城河。

那麼古代護城河有多寬呢？以唐宋時期為例，標準的河道大概是：「鑿壕之法，面闊二丈，深一丈，底闊一丈。」

河上的吊橋早已被守軍收起，那進攻部隊該怎麼過河呢？這可難不倒攻城方，他們通常直接填平河道，在護城河上鋪出一條路來。

雖然這個方法簡單，但要在守城方的面前鋪路，難免會成為活靶子，於是自帶防護的填壕車登場了。

可是，就算有了填壕車的保護，填河也是個耗時耗力的工作。一時半刻填不完，直接游泳渡河又太危險，想快點過河又該怎麼辦？

別擔心，辦法有的是。既然填河鋪路效率低，那乾脆就直接架橋過河。

攻城士兵

臨時建橋不也蠻浪費時間的嗎？

攻城將軍

過河的橋其實早就準備好了。

在古代的攻城戰中，通常都有現成的手段，用來對付護城河，例如：壕橋和折疊橋。

壕橋

通關成功

這可以說是現在架橋機的鼻祖了！

朕說頻道
官方解說員

當然，無論是填河還是架橋，對付一般的護城河還行。但攻城方要是遇上平均寬度達 180 公尺的襄陽護城河，那還是另外想辦法吧。

第二回合：偷襲與反偷襲

在古代城池攻防戰中，守軍通常都有城牆作為屏障來阻擋敵人進城，進攻方的難度和損失往往會更大。因此，攻城方通常不會一上來就跟城牆上的守軍拚命，讓自己白白送人頭。

這時，挖地道偷襲，就是一種不錯的破城手段。

攻城將軍
從天上飛不過去，那我
就從地底下鑽進去。

　　古代地道戰也叫穴攻，通常又分為兩種。一種是挖地道，偷偷潛入城內，策應隊友，來個裡應外合。

　　另一種是挖牆腳，掏空地基，使城牆出現坍塌，在守軍的城防上打開缺口。

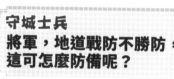

守城士兵
將軍，地道戰防不勝防，
這可怎麼防備呢？

守城將軍
對付這些打洞的老鼠，
辦法可多了。

①偵察定位

　　通常在挖地道的時候，會產生大量的土石方，同時還有可能會把地下水攪渾。因此，古人的偵察方法有兩種：一是查看城外有沒有新的土堆；二是查看井水有沒有變渾濁。

城內守軍通常會在牆根下，隔一段距離就埋個罐子，再安排專人趴在壇口監聽，一旦聽到地下有異響，就能確定敵人和地道的方位了。

> 使聰耳者伏罌而聽之，審知穴之所在。
>
> ——《墨子・備穴》

②防禦作戰

知道了地道的大致方位後，接下來守軍要做的，就是想辦法禦敵。一般情況下，古代對付穴攻的辦法有兩種。

一種是挖長溝以逸待勞。在三國時期的官渡之戰中，袁紹就曾派人挖地道，潛入曹軍營寨偷襲，而曹操則挖溝防備，將袁紹的偷襲小隊一網打盡。

> 紹為地道，欲襲太祖營，太祖輒於內為長塹以拒之。
> ——《三國志·魏書·董二袁劉傳》

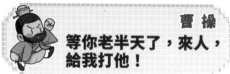

第二種方法就是煙燻。在對方的地道洞口迅速點燃準備好的柴草，用鼓風設備把煙吹進地道，把敵人逼退或者是燻死。

> 穴且遇，以頡皋沖之，疾鼓橐（ㄊㄨㄛˊ）熏之。
>
> ——《墨子·備穴》

第三回合：正面強攻與反制

在偷襲不成或者守軍堅守不降的情況下，強攻也就在所難免了。正面攻城的方式簡單來說有兩種，要嘛破門而入，要嘛翻牆進城。

攻城部隊在破門時，城頭上的守軍也不會閒著，弓箭礌石之類的攻擊自然少不了。

為了安全地接近城門，攻城部隊會出動古代裝甲車——轒轀（ㄈㄣ′ ㄨㄣ）來掩護自己人破城。

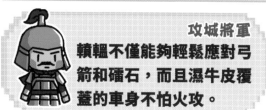

攻城將軍

轒轀不僅能夠輕鬆應對弓箭和礌石，而且濕牛皮覆蓋的車身不怕火攻。

於是，在轒轀的掩護下，攻城士兵們幸運地撞開了城門，以為自己很快就要得手了。

進城後他們就會發現，自己一不小心掉進了守軍的陷阱。這是因為城池裡面還有一堵城牆和一道城門。這種結構就叫甕城。

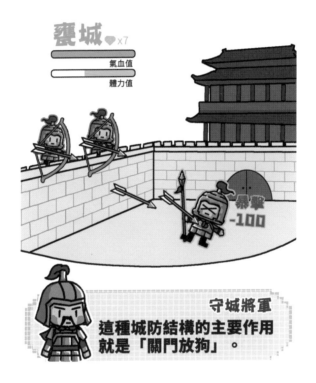

攻城士兵殺進甕城之後，不僅要面對來自四面八方的攻擊，還要面臨被困死的風險。

想爬上高大的城牆，攻城方就要用到雲梯，再加上人海戰術。

攻城將軍
大量士兵密集攻城在古代也叫「蟻附」。

把梯子推倒不就好了？

雲梯前端通常都帶有抓鉤的，想推倒也不容易！

當敵人沿雲梯蜂擁而上，螞蟻上樹般地壓上城頭時，守城方也不會坐著等死。除了放箭、砸石頭之類的還擊，他們還會使用一些另類武器，給攻城的爬牆敵軍迎頭痛擊。

古代版「生化武器」，將屎尿汙水混合熬煮而成的金汁。

又或者堪稱古代版火焰噴射器的猛火油櫃。

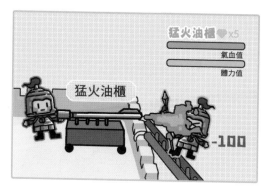

除此之外，狼牙拍和夜叉檑也是壓制爬牆敵軍的狠角色。不僅能讓這些敢死隊嚐嚐「泰山壓頂」和「天降正義」的滋味，而且還能回收再利用。

城頭守軍的火力這麼猛，爬梯上牆的頭批死士，基本都會被對方當成活靶子直接消滅。面對這種不利情況，攻城方的防禦「黑科技」——木幔就可以派上用場了。

在木幔的掩護下，攻城士兵就可以和城頭上的守軍，好好地較量一番。

攻守雙方的拚鬥仍在繼續，城池的最終歸屬也不得而知。

沒想到古代攻城那麼麻煩啊！

確實，這其中還有很多沒說呢！

15
神祕的秦始皇陵裡究竟有什麼？

身為封建王朝的第一個皇帝，秦始皇身上有很多爭議，也有很多謎題。大秦王朝曾如此輝煌，現代人也不免想看看，它究竟是什麼樣的呢？

但要說我們最想親眼見到的，當然就是秦始皇……

的陵墓了！

《史記》記載：秦始皇為了建造陵墓，挖通了酈山，又從全國各地送來 70 多萬人參與修建。

陵墓內部用水銀做成百川江河大海，由機器互相輸送，上繪天文，下描地理；還用人魚的油脂做成火炬，經久不滅。

始皇初即位，穿治酈山，及並天下，天下徒送詣七十餘萬人……

以水銀為百川江河大海，機相灌輸，上具天文，下具地理。

以人魚膏為燭，度不滅者久之。

——《史記‧始皇本紀》

兵馬俑隱藏著哪些祕密？我們可以從陵墓中解讀出哪些資訊？這些資訊真的說明秦始皇很不堪嗎？為什麼秦始皇帝陵不繼續挖掘下去？讓我們一起來揭祕！

一、也許兵馬俑對秦始皇來說並不重要

秦始皇帝王陵最被人熟知的就是兵馬俑。在秦始皇帝王陵中秦俑（按密度估算）有近 8000 個，那製作兵馬俑的工匠又是怎樣保質保量完成秦始皇的大訂單的呢？

首先，工匠會把自己的名字刻在製作的俑身上。

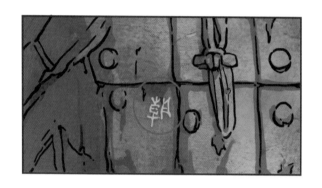

若是仔細看的話，說不定能在兵馬俑身上找到工匠留下的指紋喔。

考古學家在發掘的兵器上發現秦始皇紀年及「相邦呂不韋造」的銘文。兵器上刻的「寺工」是秦朝主造兵器的官署機構，最早出現在秦始皇 2 年。

這些都表現了秦國建造的制度——「物勒工名」，就是器物的製造者要把自己的名字刻在上面，以方便管理者檢驗產品品質，可以說是終身責任制。

　　其中，「相邦呂不韋造」這個印記，在秦王政 10 年後消失。

　　不過，兵馬俑最厲害的地方，是表現了秦國強大的軍戰能力。在秦始皇兵馬俑一、二、三號坑裡，分布了以下幾種不同的軍種：

一號坑：面積 14260 平方公尺的兵陣
主要分布戰車兵和步兵

主力部隊：步兵又分為輕裝步兵和重裝步兵

前鋒部隊可分為三列

首先是輕裝步兵，他們行動敏捷，被配的兵器是弓弩，青銅弩機射程遠、穿透力強、命中率高，可以先收割一波敵人；

然後是重裝步兵，一率身穿鎧甲，主要使用長兵器；

最後是近距離作戰的步兵，主要使用短兵器。

二號坑：機動部隊，6000 平方公尺的兵列
主要是車兵、步兵、騎兵協同作戰

三號坑：520 平方公尺的幕軍方隊
（古代軍事指揮機構）多兵種聯合作戰

為什麼一號坑裡的兵馬俑看到頭盔？

兩軍交戰，先是一陣箭雨對射，而當時的頭盔沒辦法保護脖子以下的部分，反而會增加負重，影響士兵殺敵和奔跑的速度。

秦國軍隊如此厲害，還依賴於二十級軍功爵位制和什伍連坐制度。

二十級軍功爵位制是指：無論是奴隸還是農民，殺一定量的敵人就可以升官，官職還可以傳給後代，此外軍功可以抵消犯罪和服勞役。

什伍連坐制度是指：一人逃跑，四人受罰。在這樣的制度下，秦軍戰力十分強大。

無論是物勤工名，還是軍隊的這些制度，都體現了濃濃的法家思想。

按道理說，對墓主最重要的部分必須在高大封土之下。雖然兵馬俑坑離秦始皇陵有 1500 公尺，但這並不代表它不重要。

秦始皇陵　　1500公尺　　兵馬俑坑

秦始皇陵三面環山，而兵馬俑離陵墓雖遠卻鎮守在山川咽喉之處。

二、秦始皇陵裡到底有什麼？

一個陵墓可以反映出非常多的資訊，就例如下面這些：

①天才發明——阻排水渠

秦末時，因為農民起義，秦始皇陵曾被火燒，至今還留著紅色土壤和炭。不過在這 2200 多年裡為什麼秦始皇陵還能保持相對的完整？

秦始皇陵所屬地區是南面高、北邊低，地表水、地下水也是從東南向西北流動。為了防止地下水進入墓室，墓葬的東南向挖了一個水渠。這個水渠又用青膏泥堵起來，然後把裡面的水排乾，形成一個水壩，這樣就能保證帝陵不被水浸壞了。

2000 多年過去，我們還在用這種方法。現在許多建物建造的時候也遇到過地下水過多的問題，據說最終的解決方法就是用秦始皇陵的辦法⋯⋯

②種類多樣的石片鎧甲

考古學家發現，秦始皇陵裡的石鎧甲比兵馬俑所看到的皮鎧甲種類更多。這其實是為了適應多軍種，例如：重裝步兵、重裝騎兵等的不同需求。

考古學家曾嘗試復原一套鎧甲（612 片），發現一個人需要 100 天，而且是採用電動工具，所以這就是當初秦始皇要派 70 多萬人來修陵墓的原因之一了。

③花 8 年時間才修復完成的銅車馬

在銅車馬剛出土的時候，據考古學家統計：

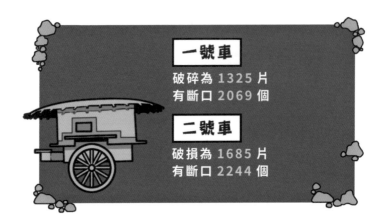

一號車
破碎為 1325 片
有斷口 2069 個

二號車
破損為 1685 片
有斷口 2244 個

在文物專家的主持下，經過 8 年的修復，這些銅車馬才得以復原。

而在古代，這些銅車馬的組裝、零件、技術、彩繪，也是只有在秦統一六國的基礎上，集結舉國之力才可以做到。

④大量的水銀

經過考古學家前後相隔 20 年的測試發現，秦始皇陵地宮裡面存在大量的水銀。這些水銀和陵墓的封土是完全一致的。並且，這些水銀不是土壤本身攜帶的，而是從地宮裡面揮發出來的。

　　據秦始皇帝陵考古隊隊長的考究，秦人對水銀的認知只停留在中藥原材料、鎏金鎏銀等層面上。

　　秦人之所以在葬墓裡用水銀，其實是因為「五行學說」，水銀引申為「水德」，秦代周，可以用「水德」克周人的「火德」。

⑤墓葬裡的世界

　　司馬遷說秦始皇陵裡「上具天文，下具地理」。考古學家根據西漢晚期、東漢等古代墓葬推測，秦帝皇陵的上方刻有二十八星宿。

這其實也是中國古代「天圓地方」說的一種實踐。

秦始皇陪葬坑有 200 多座。考究起來，這些陪葬坑就相當於一個個中央政權的機構。這套中央集權郡縣制，從秦始皇開始，到漢武帝確立，至今還影響著我們。

這是把整個國家都放進自己墓葬裡啊！

三、為什麼不繼續挖掘秦始皇陵

在人類的有生之年，還能看到秦始皇陵內部是怎樣的嗎？既然秦始皇陵所包含的寶藏那麼多，為什麼不繼續挖下去呢？

首先當然是太花錢了！

花錢

　　考古發現，秦始皇帝陵相當於 78 個紫禁城的大小，算上環山環水的環境，超過 100 平方公里，是世界上最大的一座帝王陵園。

　　秦始皇還沒修完自己的陵墓就去世了，是秦二世繼續修建完善的，前前後後花了 39 年的時間。

　　現在要挖出來並且不能破壞其中的文物，可想而知需要多少人力、物力。雖說目前的修復技術很先進，但考古不可避免地會破壞文物，而且這個過程是不可逆的。

要是這些顏色可以完全保存下來，整個兵馬俑該有多麼絢麗壯觀！但如何阻止氧化，就是個很大的問題……

此外，由於歷史原因，明代萬曆皇帝的墳墓定陵曾被挖掘，其中大量絲織品未得到及時有效的保護而迅速風化，成了考古界的一大悲劇。

此後，出了相關政策，規定不再主動挖掘帝王陵墓。

考古學家曾提出考古「三三制」原則：「只挖三分之一，留下三分之二給後代，而且在發掘的三分之一區域，也只修復三分之一，用於展示和研究，剩下的區域保留給觀眾，讓觀眾可以看到原來的樣子。」

不過，即使我們看不到秦始皇陵的內部究竟長怎樣，但也不妨礙秦始皇是個厲害人物的事實。

你：

童年都在玩泥巴。

秦始皇：

童年流離失所，在敵國當人質；

13歲繼位後，平定叛亂。

你：

20多歲還在打遊戲。

秦始皇：

21歲親政，

一天看150公斤奏摺。

你：

一個30多歲頭髮掉光的「上班族」。

秦始皇：

39歲統一天下。

秦始皇是個爭議很大的人，但有一點是肯定的，我們用統一的文字、貨幣，對政治、經濟、文化有統一的認識；我們有從古至今延續的強烈的民族認同感。這些，都是從秦始皇統一中國開始的。

生活趣聞篇

16

在古代當老師究竟有多難？

人們常說老師是太陽底下最光輝的職業。

隨著社會發展、時代進步，本以為現代老師的工作會比古代老師輕鬆，卻沒料到禿頭的速度反而加快了。

到底是現代老師辛苦還是古代老師更難當呢？

一、在古代當老師，究竟有多難？

漢朝以前，老師不用參加教師資格考試，學生也不用參加入學考試。不論性別年齡，只要看對眼就能成師徒。

教育界的前輩孔子就是其中的典型代表。他甚至還認過 7 歲的項橐（ㄊㄨㄛˊ）當老師。

> 甘羅曰：「夫項橐生七歲而為孔子師，……」
> ——《戰國策·秦策五》

漢朝以後，太學正式成為公立學校，教師從業資格考試也隨之出現。光是報名階段，就限制了一批人。

首先，你入職前需要有一定的知名度，以佐證你的學術水準；其次，你的年齡不能小於 50 歲；最後，你教過的學生不能少於 50 名。

滿足這些要求還不夠，還得經過太常組織的考試，才能進入太學成為博士。

博士，秦官，掌古通今。

——《漢書·百官公卿表》

到了隋唐時期，學校分類變得更細。

貴族為了彰顯身分，硬是把最高等級學府，按門第等級分為了三個，從國子學、太學到四門學，等級逐級遞減。除此之外，他們還開設了律學、書學和算學，類似現在的專業技術學校。

學校多了，意味著老師之間的競爭更激烈了。

他們每年一小考，3-5 年一大考，然後按考試狀況，被分成九等。其中，上課數量是最重要的指標。

更嚴格的制度還在明朝，朱元璋推出了「學官考課法」。以9年內科舉中舉的學生數，來定老師的升降職。

> 以九年之內科舉取中生員名數為則，定擬升降。
>
> ——《大明會典》

　　除了 9 年的考核之外，每個月也有考核。月考裡面如果有學生連續 3 個月沒長進，就要扣老師的薪水。

　　要是年末歲考還是沒長進，那老師和地方官員要一起被罰。要是沒長進的人數達到一定數量，老師不僅要被開除還要接受「笞（ㄔ）刑」，也就是打屁股。

我們以為朱元璋已經夠嚴苛了，沒料到朱棣「更上一層樓」。

永樂七年（1409），國子監生唐謙等參加吏部考試，得到的結果是「不通經書」。於是朱棣直接下了命令：「弟子員再試不知文理者，並罪其師，發煙瘴地面安置。」也就是說如果學生學不好，老師要被發配到偏遠的地方。

除此之外，在平日裡，老師也要隨時接受繩愆（ㄑㄧㄢ）廳的考察。他們會記錄老師在教學過程中的過錯。對於這些紀錄，老師本人基本沒有異議。

> 誅其本身，全家遷發化外。
> ——《大明會典》

二、在古代當老師，究竟有多窮？

對比完教師從業資格考試之後，我們自然就得比比收入了。

在孔子那個年代，遊學也是一種上課形式：師生就是徒步旅遊，走到哪裡，問到哪裡。那時的教師薪水是學生盡己所能，獻給教師的禮物，所以也因人而異。

到了漢朝，學校正規起來後，教師的薪水由朝廷統一發放。

最初薪水為 50 斛穀物。依據《中國科學技術史‧度量衡卷》的考訂，東漢時一斛等於一石，相當於現在的 30 公斤，那麼，50 斛就相當於 1500 公斤。這都已經吃不完了，後續還調整到 70 斛。

宋朝時期，教師待遇更好了，甚至實現了「土地自由」。

教師擁有了新的補貼：學田。學田收入除了補貼辦學和資助部分貧困生外，剩下的都是老師的福利。

要知道在古代能夠有土地是非常幸福的，畢竟歐陽修曾訴苦說：「嗟我來京師，庇身無弊廬。」

陸游曾悲傷地感嘆，「猶愧先楚公，終身無屋廬。」

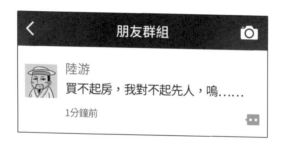

「唐宋八大家」之一，蘇軾的弟弟，文學前輩蘇轍只能指望兒子買房：「我老未有宅，諸子以為言。」

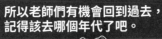

所以老師們有機會回到過去，記得該去哪個年代了吧。

到了明朝，老師的薪水待遇就比較慘了。最高學府的月俸也就 6 石。明朝 1 石約等於現在的 71 公斤，6 石就等於 426 公斤。

雖然看上去不少，但是有對比就會有傷害。和漢朝的月俸相比明朝屬實是低多了。而且明朝對老師要求高，還動不動就扣薪水，這就使得前後落差更加明顯。

古代老師

這怎麼想都是老朱的錯。

三、在古代當老師，究竟有多不容易？

硬體比完了，可以來說點更強烈的——古代的老師怎麼管教學生。

古話說得好：「一日為師，終身為父。」所以，打個屁股讓你好好學習，也是常有的。明朝還有學生求著老師打屁股。

明朝的期末考試不只會決定老師的等級，學生的成績也被分為六個等級，其中倒數第二等的懲罰就是打屁股，而倒數第一是被開除。

所以一到發成績的時候，就有一堆學生露出屁股求著老師打。《詠歲考生童》就寫道：「求打聲如沸，賜打甘如醴。」

這就離譜。

雖說古代有一些神奇的招生規則，例如，孔子的「肉乾招生」；桑調元只收「飯桶」，每頓飯吃不下4、5碗的不要。

但是大部分的招生比現在要求高。畢竟進了太學，四捨五入就是包工作分配了。

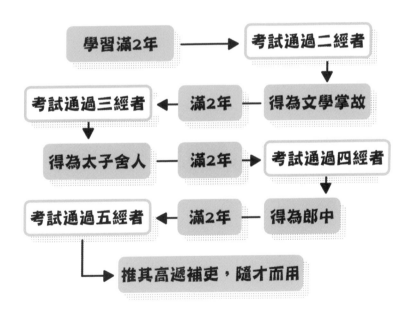

所以普通人想進太學當博士弟子，那是相當難的。畢竟貴族子弟占了一大半的名額，普通人只能在剩下的名額裡搶破頭。

正在吵架的考生

爭吵！

爭吵！

　　太學招生標準要求如下：年滿十八，長得不錯，好文學，敬長上，肅政教，順鄉里，出入不悖等。

簡單來說就是：鄉里出名的五好青年才有希望進太學。

　　而且進去太學之後，並不是一勞永逸的，漢朝的太學弟子考試不合格是會被開除的。

雖然古代老師很苦，但我們現代的老師也不容易。

為了讓學生好好聽課，老師們各出奇招。有的使用萌寵吸引同學們的注意力。如果關注度太低，就得自己上陣，例如：

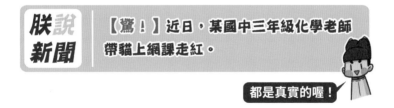

為了時刻瞭解學生的思想，老師們也要跟得上時代的潮流。為了達到真實的寓教「娛樂」，老師們真是煞費苦心。

古代教學條件一般，做實驗確實不方便，老師們通常都是口述原理，學生們全靠想像。

如今教學條件進步，老師們又迎來了全新的挑戰。

為了讓學生學會抽象的理論知識，物理和化學老師紛紛變身魔法師，酷炫的實驗活動一個接一個。就連在家上網課，也絕不輕易放棄做實驗，無論在什麼情況下，都能燃燒自己，創造知識。

朕說新聞

【驚！】某化學老師剪了耳機線，用電解法自製消毒液，差點臭暈在直播間。

都是真實的喔！

這場面我真沒見過。

化學老師

從古至今，當好一個老師從來都不是容易的事，選擇了這個行業都是出自一份熱愛。他們將有限的時間投入教育事業中，將知識一代又一代地傳承下去。他們只希望盡自己所能，培養更多的棟樑之材。

讓我們對辛勤付出的老師說一句：老師，您辛苦了！

17 在古代當史官究竟有多危險？

歷史上最危險的職業是什麼？

是打打殺殺的武將嗎？如果在和平年代，哪裡有那麼多仗要打？是敢言犯上的言官嗎？「言官」的設立本身就允許官員把話說得過火些。

我們這裡要說的危險職業是史官。

史官，不就是坐在家裡寫書嗎？有什麼危險的呢？

試想一下，如果有一個人一直在暗地裡記錄你做過的壞事，然後昭告天下人，你是不是想想都很惱火呢？

　　我們今天就來看一看，歷史是如何被記錄下來的。

一、秉筆直書的史官四兄弟

　　史官這個官職很早就出現了。傳說，發明文字的倉頡（ㄐㄧ
ㄝˊ）就是黃帝的史官。夏商之後，有了左史、右史說。

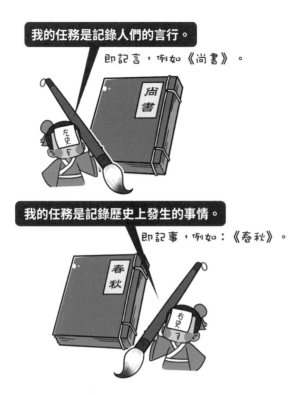

自古以來，史官被賦予了一項權力——監督最高統治者。他們就像是統治者背後的眼睛，觀察並記錄那個朝代的歷史，而他們自身卻會面臨一個重要的問題。

不同的史官會做出不同的選擇。西元前 548 年的夏天，一位叫崔杼（ㄓㄨˋ）的齊國大夫殺了齊莊公。弒君被公認是大罪，但是要怎樣記錄這件事呢？

當時的太史伯心裡會作何感想？君王都在眨眼間被殺，何況自己？也許威脅時時縈繞在他身邊，可是他寫字的筆仍穩穩地寫下五個字。

太史是官名，這位史官並沒有留下名字，但是在家裡排行老大，於是被叫作太史伯。同樣地，次子為「仲」、三子為「叔」、四子為「季」，加上官職就是太史仲、太史叔、太史季。

看到紀錄，崔杼暴怒，立刻處死了太史伯。秦漢之前，史官這個職位一般都是世襲。所以太史伯死後，他的弟弟太史仲接受了職位。哥哥被殺，難道弟弟會不害怕嗎？可是，太史仲還是如實寫下五個字。

同樣的命運，也發生在了繼任的太史叔身上。一連三位史官兄弟被殺，這家最小的兒子太史季上任了。

看到如此執著、秉筆直書的史官四兄弟，崔杼終於明白，無論自己怎麼逼迫，史官都不會替他掩蓋罪行，於是他放走了太史季。

齊國以南的諸侯國的史官們聽到崔杼殺了三個人，馬上趕過來支持他們。

> 大史書曰：「崔杼弒其君。」崔子殺之。其弟嗣書而死者二人。其弟又書，乃舍之。南史氏聞大史盡死，執簡以往。聞既書矣，乃還。
>
> ——《左傳·襄公二十五年》

為了在史書上寫下「崔杼弒其君」這五個字，太史伯捨生取義，太史仲、太史叔繼承哥哥遺志威武不屈，其他地方的太史抱著竹簡，飛蛾撲火般跑向齊國，就是為了記下歷史的真相，捍衛史官的尊嚴。

二、慘遭宮刑的司馬遷

　　雖然在漫長的歷史中，因為官方的參與，出現過干預記錄甚至歪曲歷史的事件。但也因為有官方的支持，各類龐大史料的徵集、修訂才有人力物力的保障。

而這也意味著，對抗權威，更需要勇氣⋯⋯

　　除了類似《二十四史》的官修史書外，還有一種專門記錄古代帝王言行的史書叫起居注。最早的帝王起居注見於東漢時期。

一開始，「起居注」是連當朝皇帝都不能觀看的，以保持客觀性。

也就是在西漢，一部流芳百世的紀傳體史書——《史記》橫空出世，開創了史傳文學的先河。但作者司馬遷也為了這份史官的使命，付出了慘痛的代價。

重為鄉黨所笑，以汙辱先人，亦何面目複上父母之丘墓乎？

——司馬遷《報任安書》

事情的過程是這樣的。漢武帝讓李陵攻打匈奴。李陵因為遭遇匈奴的襲擊，再加上糧草不足，就向匈奴投降了。在滿朝大臣都聲討李陵的時候，司馬遷一個人站出來為他辯護。

群臣皆罪陵，上以問太史令司馬遷，遷盛言：「陵事親孝，

與士信，……宜欲得當以報漢也。」

——《漢書·李廣蘇建傳》

　　這麼做到底值不值得呢？司馬遷本來可以選擇死，但他卻選擇接受宮刑，然後日日夜夜忍受種種冷言冷語，因為他是大漢的史官！

> 亦欲以究天人之際，通古今之變，成一家之言。……難為
> 俗人言也！
>
> ——司馬遷《報任安書》

　　因為做一個史官不僅隨時面臨殺身之禍，還有可能連累整個家族。例如，北魏太武帝時期，崔浩就因為編修國史得罪貴族，慘遭滅族。

　　在古代，史官這個職業並非中國所獨有。

　　古埃及就有書吏專門記錄政府或者貴族的行為；古巴比倫和亞述也曾出土過記錄帝王姓名、官員職位等內容的泥磚或碑銘。但是，其他國家的這種官方記事的行為，都沒有傳承下來。

　　只有中國古代的史官制度，歷經千年歷史的滄桑而綿延不斷，在世界歷史長河中熠熠生輝。

三、史書要保存下來，究竟有多難

　　歷史被記錄下來很難，要流傳下來更難。首先，像竹簡、紙張這些材質隨隨便便就會被腐蝕。

　　中華文明跨越幾千年。這中間經歷了無數次戰亂，幾度遷徙，又分分合合。

那我們今天是怎麼看到歷史的呢？

　　西元 1861 年的冬天，時值太平天國起義，當時杭州有一對叫丁申、丁丙的兄弟發現路邊攤的小販賣東西用的包裝紙都帶著字，他們再仔細一看，不禁大驚失色。他們發現放在小販旁邊用來當包裝紙的小冊子，竟然是十幾本《四庫全書》。

為什麼他們會這樣生氣呢？要知道《四庫全書》是乾隆皇帝下令編修的全書，幾乎囊括了所有古書，有3萬6千冊，共計8億字，是中國古代規模最大的叢書。

西元1860年，清廷戰亂不斷，杭州文瀾閣（與文宗閣，文匯閣並稱為「江浙三閣」，是清朝在南方設立的專門收藏《四庫全書》的藏書樓）所藏《四庫全書》多有散佚。

這對於中華文化而言將是一個重大損失，於是丁氏兄弟做了一個重大決定。

他們趕緊召集人員，在動盪的戰亂時期，開啟了小心翼翼的修書工作。

最終，他們花了**6個月**的時間從杭州市民的手裡把書收了回來。

共計**8689冊**書卷，差不多是**四分之一**的《四庫全書》。

最後又花了**11年**的時間從各地的藏書樓尋求善本，謄抄《四庫全書》

　　最終，合眾人之力，「江浙三閣」的《四庫全書》終於得以保全。

　　當年乾隆編書的時候，將很多不符合清政府統治需求的古文進行了改編。丁氏兄弟在補錄的時候，還參考了原始文本進行修訂。

　中華文明正因為有威武不屈的史官，拚死也要寫下歷史的真相；有敬惜字紙的人民，盡全力也要保存文化，才能留下大量傳世文獻，供後世參閱。

　我們要感謝這一輩輩的人拚盡全力，為我們保存歷史。如今能看到歷史的我們，又是多麼幸運。

18

在古代
當太上皇究竟有多稀奇？

　　在古裝劇中，太后似乎比皇帝更有權勢。但你是否想過，太后的丈夫，上一位九五之尊——太上皇在哪裡呢？

　　其實，太上皇在電視劇中極少出鏡並不奇怪。畢竟新皇帝是否登基，大部分情況下就是看他父親的壽命什麼時候走到盡頭。

朕一日不死，爾等終究是兒子。

霸氣！
霸氣！

不少盡職盡責的皇帝會一直做到去世當天，才肯把皇位讓給別人。這也導致在中國幾千年的歷史裡，誕生了四百多位皇帝，而太上皇卻只有二十幾個，可謂是「珍稀物種」。

* 此處太上皇計算不含死後追封的。

一、人在家中坐，稱號天上來

　　史上第一位太上皇的稱號，本該屬於首位皇帝嬴政的父親。但「太上皇」這個詞出現前，他就已經去世了。所以，真正意義上的第一位太上皇，還得從沉迷種田的漢高祖劉邦說起。

　　劉煓（ㄊㄨㄢ）這輩子也沒什麼愛好，就喜歡種田。但兒子劉邦偏偏不甘於當個農民，非要出去成就番大事業。

爸爸，別種田了，以後我養你，不愁吃。

結果，劉邦不僅沒成功，還結下了一堆仇家，讓在家一心種田的劉煓，還沒安享晚年，就先體驗了一回成為別人「盤中飧」的滋味。

今天我才知道，兒子說的不愁吃原來是指別人餓了可以吃我。

父親要被人煮了吃，放在任何尋常人身上都不能忍受，但要做大事的劉邦，顯然不是尋常人。他直接挑釁項羽：「我們是一個老大帶出來的兄弟，我爹就是你爹，你要真敢煮，那就分我一碗湯。」

> 吾與羽俱北面受命懷王，約為兄弟，吾翁即若翁；必欲烹而翁，而幸分我一杯羹！
>
> ——《史記·項羽本紀》

好在這招激將法奏效，劉煓保住了一條老命，劉邦倒也沒在「坑爹」的路上越走越遠，最終成就了宏圖霸業，登基成為漢朝的開國皇帝。

為了安撫被自己連累多年的父親，世界上第一位活著的太上皇稱號，就被劉邦送給了劉煓。而劉煓也成了唯一一個沒當過皇帝跨級直接當太上皇的人。

　　所以生活苦點沒關係，孩子「坑爹」也沒關係，未來可期就好。

二、不想當「爸爸」，全是被逼的

　　前文說過皇帝通常很貪戀皇位，不會輕易退位，所以有不少太上皇的出現都是被迫的。

例如，靠一句「百姓沒米充饑，那為什麼不吃肉粥」出名的傻瓜皇帝晉惠帝，人傻卻偏偏有個厲害的皇后。

她不僅弄出了「八王之亂」，還弄得晉惠帝被叔祖父搶了皇位，直接當上了叔祖父的「爸爸」，成了史上輩分差最大的太上皇。

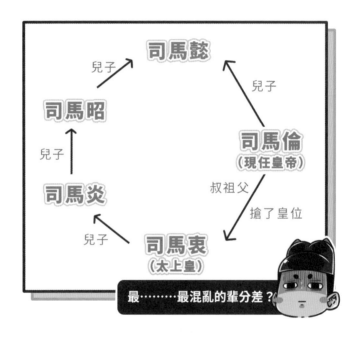

還有北魏獻文帝拓跋弘，年僅 12 歲就登基，年紀小免不了有人想乘機輔政奪權。所以小皇帝只好用上解決問題的最強方法——

　但是，這位太后雖然解決了問題，也解決了拓跋弘。她為了更確實地掌控朝政，選擇讓孫子即位。年僅 18 歲的拓跋弘被迫禪位，成為史上最年輕的太上皇。

　不過最慘的太上皇，還得是唐朝的李淵。身為唐朝的開國皇帝，不僅沒幾個人記得他的名字，連開國的功勞都常被掛在李世民名下。

　自己打拚了大半輩子，就要安享晚年時，兒子們非要弄出「玄武門之變」。這不就是換方法地告訴李淵，趕緊退位嗎？識相的李淵果斷退位，成了太上皇。

三、傳染式太上皇，祖孫四代都當了

　　說起太上皇出現最多的帝王世家，就不得不提起那位政績用四個字就能輕鬆總結，但藝術成就八萬個字都寫不完的藝術家皇帝——宋徽宗趙佶。

身為皇帝，趙佶藝術素養極高，能跟你聊上 3 天 3 夜。但若問起政治方面的見解，他只有四個字：推卸責任。

是我去送的嗎？是他們自己打來的，不是我差勁，是敵人太強了，你們為什麼怪我？要怪就去怪對面的啊！

在稀裡糊塗定了一個「聯金滅遼」的計畫後，趙佶本以為在自己的政治生涯中，終於能有項值得稱頌的功績了。

沒想到這一計畫，不僅使和大宋和平相處多年的大遼滅國了，還讓金兵一路毫無阻礙地直接攻到趙佶家門口。眼看著自己就要成為亡國之君了，這可怎麼辦？

　　於是趙佶當即決定，把皇位讓給大兒子趙恒。這樣他就不是
亡國之君，而是亡國之「太上皇」。

　　結果大兒子和自己都被金兵擄走，導致北宋滅亡，史稱「靖康之變」。九兒子趙構只好在南京應天府（今河南省商丘市）即位，建立南宋。但是他還沒做到退休年齡，就膩了、累了。於是趙構直接退位做起了「太上皇」。

　　之後趙構去世，兒子趙昚傷心不能自理，不出 2 年便把皇位禪讓給兒子趙惇。

而趙惇這個至尊之位坐得很有心理壓力，於是禪讓帝位給趙擴，這才終於結束了老趙家祖孫四代的傳染式「太上皇」模式。

四、只怪自己當時太年輕

我們要說的最後一位太上皇，是現代電視劇裡的「大紅人」乾隆。在早年間，乾隆非常崇拜自己的爺爺康熙。為表對爺爺的崇敬，他還為自己定了一個目標：不能超過康熙皇帝在位六十一年的紀錄。

做夠 60 年我就回老家。

沒想到的是，乾隆雖然 25 歲才登基，體力卻驚人的好，做了 60 年皇帝，身體還是非常結實。可是目標已經定下，自然君無戲言，他只好退位當起了太上皇。

年輕人聽我說，什麼叫「君無戲言」。

但是，乾隆雖然表面上把皇位傳給了嘉慶，實際上卻將實權牢牢地拽在自己手裡。嘉慶不僅只能辦點小事，每天還得去聽乾隆的訓導，等到 3 年後，才自己執掌了大權。

不難發現，前面說的這些太上皇背後，總是連帶著歷史考點：「玄武門之變」、「靖康之變」……其中唯一一位女太上皇武則天，也遭遇了「神龍政變」。

所以，當皇帝的爸爸究竟是種什麼體驗？大概就是，不停折騰吧。

19

在古代
會說官話究竟有多吃香？

中國地大物博，方言多。有時候，隔條街可能就隔了一種方言。如果沒有國語存在，那我們見面交流就可能變成雞同鴨講。那古代有「國語」嗎？

別急，先讓我們來看看，沒有「標準話」會發生什麼。

西元前 770 年，周王朝遷都洛陽。因語言不通，諸侯之間常常因一些雞毛蒜皮的事大打出手。反正橫豎都聽不懂，不如直接對打，誰贏了就聽誰的。

聽朕勸一句，趕緊速戰速決。

在古代，兩軍交戰時，如果想勸降對方將領，通常都要派同鄉的人做使者。你以為這是想要運用同鄉之情來感化對方嗎？

天真！

那是因為生死攸關時刻，必須快速說出對方能聽明白的語言，否則勸降一不小心就會變成逼反。

由此可見，說大家都懂的語言是多麼重要，官話便應運而生。

普通話的歷史，
一點都不普通。

為了讓大家聽懂對方所說的話，朝廷率先辦起了培訓班。作為十三國古都的洛陽，身先士卒，洛陽話成了最初的基礎通用語——雅言。

> 子所雅言，《詩》、《書》、執禮，皆雅言也。
>
> ——《論語·述而》

辦培訓，怎能少得了教材？《爾雅》是當時官方唯一指定教材。就連孔子講學，都得用洛陽話。

然而這教材很快就被外敵掌握了。

當時晉國被後起之秀吳國打得落花流水，毫無還手之力。而他的四周西有虎狼之師的秦國，南有帶甲百萬的楚國，東有老大哥齊國和苦寒之地的燕國。只有北方姜戎，實力偏弱，可以一舉攻之，以揚眉吐氣。

姜戎早已暗暗學習中原知識多年，把雅言說得比母語還流暢。在一次集會上，晉國與諸侯各國商議拘捕姜戎族的首領。

面對晉國大夫的指責，姜戎首領駒支當場吟唱：「營營青蠅，止於樊，豈弟君子，無信讒言。」這句話的意思是說，嗡嗡叫的蒼蠅，停落在籬笆上面，和樂平易的君子，不要聽信那些讒言。

駒支一番暗喻譴責，讓晉國十分慚愧。更重要的是，姜戎既然聽得懂雅言，那晉國的計畫也許早已曝露。於是晉國立刻退兵。

駒支以自身的成功向大家展現了學好一門「外語」的重要性。而晉國最終也沒有逃過滅亡的厄運。「三家分晉」就是指晉國被韓、趙、魏三家瓜分的事件。這也成為春秋與戰國的分水嶺。

回到雅言的普及上來，教材有了，但怎麼教成了個大問題。畢竟不是人人都像姜戎這麼自覺，懂得學好官話，走遍天下都不怕的道理。

漢朝時，為推廣官話，發明了三種學習方法。

一、直言

　　所謂「直言」，就是告訴你哪個字和哪個字讀音是一樣的。你可以把它理解成運用諧音來教學。

用「諧音」不好吧？

　　但這只適合已認識一些漢字的人。對於只會方言的人來說，根本沒用。

二、讀若

　　所謂「讀若」，就是擬其音，來注音。這就和你上學時，在英文課本上用注音符號做讀音標注一樣。原理還是運用諧音來記憶。

不得不說，「諧音」教學真厲害！

三、反切

　　於是古人絞盡腦汁，發明了第三種現代人看不懂的「反切」法。

　　「反切」的官方解釋是：用兩個漢字相拼，給一個字注音。切上字取聲母，切下字取韻母和聲調。

　　例如：「店」，就是「都念切」，ㄉㄧㄢˋ＝ㄉ＋ㄧㄢˋ。

但由於古時讀音和現在不同，你看上面的例子八成是猜的，所以「反切」大家可以簡單理解為：把兩個字連著快讀成一個字。

原來是這樣。

北魏時，有位官員老花眼，非常熱衷於「反切」，無論看到什麼字都喜歡「切」一下。有次看古書時，裡面有個字下面寫著「許綠切」，可他一時眼花，把「綠」看成了「緣」。

　　這「切」錯了不要緊，他卻覺得自己有了新發現，反而告訴身邊的人，他們之前都錯了，得趕緊糾正。雖然大家知道其實是他錯了，奈何他的官階更高，大家也不敢和他爭辯。

直到有一天，遇到一個官階比他更高的人，跟他連續爭論了 3 天 3 夜，他才終於發現，是自己錯了。

唐朝時，以長安話為標準音，科舉考試必須使用唐韻。所以學好長安話成為唐代文人當官的第一步。

至於皇族貴戚子弟更必須進行禮儀的學習。其中就包括說話念字的規定：「皆須讀文精熟，言音典正。」

可是偏遠地區還是以方言為主。

例如，唐代大文豪柳宗元，從洛陽貶到柳州時，發現當地的少數民族居多，且大部分都講自家語言，根本不認識漢字。這就導致柳宗元和其他人溝通困難。無奈之下，他只能斥鉅資請了一位「同聲翻譯員」。

由於語言差別實在太大，翻譯員也要解釋很久，柳宗元才能弄清楚。一個案件下來，大半時間還是浪費在無效溝通上。

於是柳宗元決定在白天上完班後，組織當地人一起學漢語。他一邊處理政務，一邊教學，燃燒了自己，也點亮了語言之光。

明朝朱元璋開國初期以北京音為規範語言編了《洪武正韻》，所以明朝時官話是以京音為中心的北方話（多數學者持此觀點）。

　　官話雖然定了，各地百姓也都學了，但還是有口音的問題。雍正上朝時，就發現福建和廣東兩省的官員，帶有嚴重的口音。他一想，自己都聽不懂，那百姓就更加聽不懂了。

> 「朕每引見大小臣工，凡陳奏履歷之時，惟有福建、廣東
> 兩省之人，仍系鄉音，不可通曉……則赴任他省，又安能
> 於宣讀訓諭、審斷詞訟、皆歷歷清楚，使小民共知而共解
> 乎？」
>
> ——《世宗憲皇帝實錄·雍正六年八月六日》

於是西元 1728 年，雍正下令在福建和廣東設立「正音書院」，
以 8 年為限。若還學不會標準官話，就禁止參加科考。

8 年之期未到，雍正就去世了。

到了光緒時期，皇帝力圖變法自強，接見了來自廣東的梁啟超。他本是來聆聽梁啟超的治世之論，但是梁啟超的廣東話過於地道，所以梁啟超說一句，光緒帝就要問一句。

最終，梁啟超把《變法通議》寫出來、呈上去，光緒帝才讀懂。

到了民國時，雖然也有國語，但是軍閥派系之間對立緊張，誰都不服誰，也都愛講自己的家鄉語言。

當時各軍閥頭子常常帶著濃濃的家鄉口音演講，讓聽者一頭霧水。直到第二天，報刊登出講話全文，大家才知道演講的內容。

20 世紀初期，吸收了日本「國語」的概念，決定訂定標準語，最後由幾個知名語言學家自己開會決定，以改北方官話為基底。到了西元 1928 年，新的標準音出現，這次的標準音以北京音為基底，這套新的「國語」隨著數十年的使用，演變出現在台灣的「國語」。

綜上所述，說好「國語」真的很重要。否則你在台上發言再激情澎湃，也只能收穫台下聽眾的一頭霧水。

20 古代的瘟疫究竟有多可怕？

古代醫療條件落後，但為什麼好像沒有發生過恐怖的疫情？

只是因為你不知道而已……

每次只要出現大規模染病的情況，古人就會稱之為瘟疫。根據古代文獻記載，每次的瘟疫並不相同，包括鼠疫、霍亂等。

　　關於歷史上的瘟疫，書上基本只是輕輕一提，例如：「瘟疫頻發」之類，就一筆帶過。古代史書裡往往也只是簡單一句「是歲大疫」，就結束了。

　　然而，實際上傳染病的影響十分深遠，有時甚至能直接左右歷史的走向。

先來說說東漢吧。據史書記載，從東漢靈帝到西晉統一全國，曾發生過二十餘次大的疫病。

漢靈帝曾經嘗試控制疫情，但是，當時權力分散、國庫空虛，加上對病情的不瞭解，腐敗的朝廷根本推行不了什麼解決方案。

前幾次還能給民眾發藥，後面連藥都發不出來了。而嚴重的疫情，又造成社會動盪，反過來進一步削弱朝廷的統治力。

與此同時，有一幫「治病急先鋒」開始四處用符水救人。得病的、逃難的，各路人馬紛紛聚集在他的麾下，隊伍急速壯大了起來。後來他們人多了，就頭裹黃巾，自稱「黃巾軍」。

> 初，巨鹿張角自稱大賢良師，奉事黃老道，畜養弟子，跪拜首過，符水咒說以療病，病者頗愈，百姓信向之。
> ——《後漢書·皇甫嵩朱俊列傳》

反正不管有沒有效，張角之流確實幫人治療了，再加上宣講「太平道」，時使得貧苦人民感恩戴德。

於是黃巾軍迅速壯大，10 餘年間達到了驚人的數十萬人。

瘟疫一直持續著，時間來到建安 13 年（208）。

年十三，建安十三年疾病，太祖親為請命。及亡，哀甚。
　　　　　　　——《三國志‧魏書‧武文世王公傳》

曹操寄予厚望的小兒子曹沖，就是秤象的那個，在這一年患病死去。

然後很多人熟知的赤壁之戰開打了。在《三國演義》裡，曹操的艦隊被諸葛亮借來的東風給燒得狼狽潰散。但是，在正史的記載裡，打敗曹操的不是火，是瘟疫。

> 時曹公軍眾已有疾病，初一交戰，公軍敗退，引次江北。
> ——《三國志·吳書·周瑜魯肅呂蒙傳》

> 公至赤壁，與備戰，不利。於是大疫，吏士多死者，乃引軍北還。
> ——《三國志·魏書·武帝紀》

這對於曹操而言，是一個嚴重的打擊。誰料禍不單行。建安22 年（217），一場恐怖的超級瘟疫襲來。對於這場重大疫情，《後漢書》的記載只有簡單一句話：「獻帝建安22 年，大疫。」史書裡簡單的一句話，背後到底有多少的災難呢？

當時震驚文壇的「建安七子」，成名於建安年間，也死於建安年間。

在魏文帝曹丕寫給友人吳質的一封書信中，他自己提到，曾經國家發生瘟疫，很多親人故友都因此離去，建安七子中的陳琳、徐幹、應瑒、劉楨同時間一起離世，其中的悲痛真是無法言說。而建安七子的其餘三人中，除阮瑀（ㄩˇ）早死於建安 17 年（212），孔融被曹操所殺，王粲也是在與曹操出征後回師的途中病逝的。

> 昔年疾疫，親故多離其災，徐、陳、應、劉，一時俱逝，
> 痛可言邪？
>
> ──《與吳質書》

不僅如此，魏國那邊的軍隊也爆發了瘟疫。

司馬懿的哥哥司馬朗親自前去巡視慰問、派發藥物，結果也染病而亡。吳國的名臣魯肅，也是在這一年病逝的，諸葛亮還曾為他舉悼。

順便一提，建安 24 年（219），吳國名將呂蒙、蔣欽病逝，孫權的堂弟孫皎也在這年去世。

當這些生活條件優越的上層人士都開始陸續死亡，底層的普通群眾是種什麼情況也可想而知。

張仲景的《傷寒論序》裡說，自己本來的宗族有兩百多人，但在建安不到十年間，死了三分之二。其中死於傷寒（傳染病）的又有十分之七。

> 余宗族素多，向餘二百。建安紀年以來，猶未十稔，其死亡者，三分有二，傷寒十居其七。
>
> ——《傷寒論序》

曹植在《說疫氣》裡也曾描述過當時的情景：「建安二十二年，癘氣流行，家家有僵屍之痛，室室有號泣之哀。或闔門而殪，或覆族而喪。」

在這場疫病裡，一家接一家地死去，一族接一族地覆滅，真是家家淒苦，人人哭號。

瘟疫深刻地改變了政治局面。它不僅成為東漢覆滅的直接原因之一，也是「黃巾起義」的重要成因。

瘟疫還遏制了曹操南下的勢頭，三國鼎立的局勢就這樣形成了。而在經受幾次大疫打擊之後，曹操最終採取了穩扎穩打的策略，不再南下。

經歷了戰亂、天災和瘟疫，三國時期的人口經歷了可怕的驟降。

相比於東漢巔峰時期的 5、6 千萬人來說，三國人口數量直接減少了將近七成的人口。也就是說，平均下來，每個普通的四口之家都有兩到三個人死去。

這就是史書裡「大疫」兩個簡單的字，背後所包含的沉重涵義。

那麼只有漢代和三國時期有瘟疫嗎？

先不說明末和清末也有類似的大型瘟疫，光是「普通」的小範圍瘟疫，每個朝代就有很多。

魏晉南北朝時期，中原就發生了大疫情，再加上饑荒……百姓流屍滿河，白骨蔽野。

> （中原）又大疾疫，兼以饑饉，……流屍滿河，白骨蔽野。
> ──《晉書·食貨志》

唐朝時期，西元 763 年，發生大疫情後，10 個人裡有 7、8 個人死掉，城裡空蕩蕩的，倖存者沒有可以吃的，死了的人也沒有棺材可以出殯。

> 明年大疫，死者十七八，城郭邑居為之空虛，而存者無食，
> 亡者無棺殯悲哀之送。
>
> ——獨孤及《吊道殣文》

宋朝時期，元豐年間，吳越發生大饑荒和疫情，有將近一半的人死去。

> 吳越大饑疫，死者過半。
>
> ——《宋史·列傳第七十五》

元朝時期，西元 1329 年，三輔地區的民眾，從春天到夏天，因為疫情生病而死亡的人差不多要用萬來計算，小巷街坊每天都有人在哭悼。

> 今三輔之民，自春徂夏，由病疫而死者殆數萬計，巷哭裡
> 哀，月無虛日。
>
> ——張養浩《為民病疫告鬥文》

明朝時期，西元 1644 年，京城發生了大瘟疫，死了很多人，每十戶人家之中有九家是空的，甚至有的地方人丁死絕，沒有人收屍。

> 明代錦衣衛都督駱養性記載：「（崇禎十七年）昨年京師瘟疫大作，死亡枕藉，十室九空，甚至戶丁盡絕，無人收斂者。」

清朝時期，西元 1786 年，霍邱發生了大疫情，民眾 10 個人裡面就死了 6 個，甚至有的全家都死了，沒有人收屍。

> （乾隆五十一年）霍邱夏大疫，民死十之六，甚至有闔家盡斃，無人收殮者。
>
> ——《霍邱縣誌》

以上這些都還只是很少的一部分，根本列舉不完。

古人面對各種瘟疫，可以說是毫無辦法，有時甚至連隔離也無法落實。

就算死了一個我，還有千千萬萬個我。

比起古人，如今我們擁有了更先進的現代醫學、更發達的科學技術、更快速的應對措施、更豐富的經驗。這是歷史的進步，也是我們身為後人要肩負的責任。

感謝所有為本書奮鬥的朋友，為此書出版嘔心瀝血的諸位好友芳名刊印於此，以期長存。

功績不問高低，以下排序不分先後：

黃澤濤　劉開舉　肖航　陳震毅　江宗燁　陳麗亞　曾黛琪

馬曉丹　沈雪瑩　楊慧慧　曾凱麟　陳曉笙　商若梅　侯健

湯煥駒　曾煒茵

其中，特別感謝江宗燁（小江）對本書的巨大付出，他對知識的熱愛和追求將永遠地激勵我們。

課本上學不到的
漫畫中國史②

編　　繪——朕說‧黃桑
主　　編——王衣卉
責任企劃——王綾翊
校　　對——曾韻儒
書籍裝幀—— evian

總 編 輯——梁芳春
董 事 長——趙政岷
出 版 者——時報文化出版企業股份有限公司
　　　　　108019 臺北市和平西路 3 段 240 號
　　發 行 專 線——（02）2306-6842
　　讀者服務專線—— 0800-231-705‧（02）2304-7103
　　讀者服務傳真——（02）2304-6858
　　郵　　　　撥—— 19344724　時報文化出版公司
　　信　　　　箱—— 10899 臺北華江橋郵局第 99 信箱
時 報 悅 讀 網——http://www.readingtimes.com.tw
電 子 郵 件 信 箱——yoho@readingtimes.com.tw

法律顧問——理律法律事務所 陳長文律師、李念祖律師
印　　刷——和楹印刷有限公司
初版一刷——2023 年 12 月 22 日
定　　價——新臺幣 420 元

時報文化出版公司成立於 1975 年，並於 1999 年股票上櫃公開發行，
於 2008 年脫離中時集團非屬旺中，以「尊重智慧與創意的文化事業」為信念。

原書名：《課本上學不到的漫画中国史 2》 作者：朕說
本書中文繁體版由讀客文化股份有限公司經光磊國際版權經紀有限公司授權時報文化出版企業（股）
公司在全球（不包括中國大陸，包括台灣、香港、澳門）獨家出版、發行。
ALL RIGHTS RESERVED
Copyright © 2022 by 朕說
Original edition © 2022 by Jiangsu Phoenix Literature

課本上學不到的漫畫中國史. 2/黃桑編.繪. – 初版. --
臺北市：時報文化出版企業股份有限公司, 2023.12
344面；14.8×21公分
ISBN 978-626-374-688-6(平裝)

1.CST: 中國史 2.CST: 通俗史話 3.CST: 漫畫

610.9　　　　　　　　　　　　112020114